책그림책
BuchBilderBuch

책그림책

BuchBilderBuch

밀란 쿤데라 · 미셸 투르니에 · 헤르타 뮐러 외 지음

크빈트 부흐홀츠 그림 / 장희창 옮김

민음사

옮긴이 장희창
서울대 언어학과와 동대학원 독문과를 졸업.
문학박사. 동의대학교 교수를 역임.
역서 『양철북』, 『나의 세기』(공역), 『계걸음으로 가다』, 『현대시의 구조』 외.

책그림책

1판 1쇄 펴냄 2001년 2월 20일
1판 21쇄 펴냄 2022년 3월 18일

그린이 크빈트 부흐홀츠
지은이 밀란 쿤데라 외
옮긴이 장희창
발행인 박근섭, 박상준
펴낸곳 (주)민음사

출판등록 1966. 5. 19. 제 16-490호
서울특별시 강남구 도산대로1길 62(신사동)
강남출판문화센터 5층(우편번호 06027)
대표전화 02-515-2000 팩시밀리 02-515-2007
www.minumsa.com

한국어 판 ⓒ (주)민음사, 2001. Printed in Seoul, Korea

ISBN 978-89-374-2470-0 03850

* 잘못 만들어진 책은 구입처에서 교환해 드립니다.

BuchBilderBuch

by Quint Buchholz

Copyright ⓒ Sanssouci im Verlag Nagel & Kimche AG 1997

All rights reserved.

Korean Translation Copyright ⓒ 2001 MINUMSA

Korean translation edition is published by arrangement with Sanssouci im Verlag Nagel & Kimche AG.

이 책의 한국어 판 저작권은 Sanssouci im Verlag Nagel & Kimche AG와 독점 계약한 (주)민음사에 있습니다.
저작권법에 의해 한국 내에서 보호를 받는 저작물이므로 무단전재와 무단복제를 금합니다.

차례

서문　7

요슈타인 가아더·지평　8
헤르타 뮐러·백 개의 옥수수 알　10
라인하르트 레타우·책 다리 비행 시구　12
W. G. 제발트·오래된 학교의 안뜰　15
가우제페 폰티키아　17
조지 슈타이너　20
한스 크리스토프 부흐·말리 여행기　22
한나 요한젠·사물들의 자리　24
아모스 오즈·무슨 일이든 일어나게 마련이다　26
라픽 샤미　29
체스 노터봄　33
마르틴 모제바흐　36
하비에르 토메오·크빈트 부흐홀츠의 그림 앞에서　38
헤어베르트 아흐터른부쉬　40
존 버거　43
찰스 사이믹　44
마르크 피티　46
미하엘 크뤼거　48
볼프 본드라체크　50
다비드 그로스만·길 위의 인생　52
파울 뷔어　55
리하르트 바이에·도로 위에서　58
T. 코레이거선 보일·혀들의 키스　61
마틴 R. 딘　64
페르 올로프 엔크비스트　67

에른스트 얀들·누구인가?　68

게오르게 타보리　70

알도 부치　73

루드비히 하리크·켈스터바흐의 시인　76

밀로라트 파비치·카드리유　79

오르한 파묵　80

안토니오 타부키　82

엘케 하이덴라이히　84

미셸 투르니에·조르주 심농의 마지막 날　86

알렉산다르 치마　89

수전 손택　90

밀란 쿤데라　92

이다 포스·마지막 안건　94

마르틴 발저·최후의 일격　97

이반 클리마·책 — 친구이자 적　101

보토 슈트라우스　104

오스카 파스티오르·구름　107

귄터 쿠베르트·조명등 아래에서　108

이조 카마르틴·단테, 신곡 Ⅲ, 47-48　110

페터 회　112

프리트마르 아펠·남은 자의 노래 / 사공의 대답　116

작가 소개　118

옮긴이의 말 / 장희창　121

서문

독자 여러분의 손에 다정하고도 믿음직하게 놓여 있는 이 책은 책들의 비밀스런 생애를 그 어떤 기획보다도 더 강력하게 결정짓는 저 우연들의 하나에 힘입고 있다. 화가이자 도안가이며 삽화가인 크빈트 부흐홀츠는 어느 날 우리 사무실에 앉아 있었다. 우리들에게 그의 작품을 보여주기 위해서였다. 그의 작품은 우리 출판사에서 나오는 많은 책들의 표지에 실린 것들로서 그 시적인 상상력으로 책과 독자의 만남을 용이하게 해준 것들이었다. 그림들이 우리 앞의 바닥에 펼쳐졌을 때, 그 모든 것들을 결합시키는 모티브를 알아차리는 것은 그리 어렵지 않았다. 그 모든 작품들은 책을, 그리고 책의 완성에 필요했던 것들, 예컨대 종이나 타자기나 만년필과 같은 것을 그리고 있었다. 말하자면 책이 자기의 역사를 가지게 되고 또 다시 자기의 역사를 보여주는 순간을 그리고 있었던 것이다. 크빈트는 작가들과는 별도로 책의 역사를, 세상을 돌아다니면서 이야기를 수집하고 배제하고 아니면 침묵하게 만드는 책의 역사를 그렸다. 그는 책의 생성과 살아남음에 필수적인 모티브들의 역사를 그림으로써 완전히 독자적인 방식으로 책의 역사를 그린 셈이다. 그러므로 작가분들에게 크빈트의 그림이라는 캡슐의 형태로 제시된 그러한 이야기들에 대해 감상을 써달라고 부탁한 것은 당연한 일이 아니었겠는가?

우리는 여러 나라에 계시는 46명의 작가 분들에게 크빈트의 그림들 중에서 하나씩을 뽑아 보내드렸다. 그 그림 속에 들어 있는 내용에 대해 한 자 적어달라는 부탁과 함께. 그리고 모두들 동참하여 이 책이 태어났다. 이 책은 글쓰기와 읽기에 대해 많은 것을 보여주고 있으며, 두 개의 책표지 사이에서만 들을 수 있는 옛날 이야기를 옛날 방식대로 들려주는 한 위대한 책 예술가를 위한 기념비적인 작품이다.

1996년 겨울, 뮌헨에서
미하엘 크뤼거

지평

나는 공고문이라면 언제나 꼼꼼하게 읽는다. 국가정보국에서 보낸 통지문들이라면 특히 성심껏 연구하는 기분으로 읽는다. 결국 그것들은 나를 위해서 씌어진 것이 아닌가. 국가는 그의 아들들 중의 하나와 이야기를 나누기를 원하고 있지 않은가. 그렇다, 마치 아버지나 어머니가 내키지는 않지만 그의 자식들과 그 어떤 심각하고 교육적인 이야기를 나누기라도 할 때처럼 말이다. 그리고 나도 윗사람의 말을 거역하는 그런 유형은 아니다.

담배를 끊어야겠어. 보다 적게 마셔야겠어. 왜 세금을 물어야 하는지를 알아야겠어. 협정과 법률의 변동에 대해 알고 있어야 해. 그리고 4년마다 국가를 위해 선거에 참여해야 해. 내게 먹이처럼 주어지는 그 모든 주의와 경고에 대해 나는 이러한 방식으로 반응할 수가 있다.

내 생각에 따르면 이 모든 것은 당연히 그렇게 되어야 한다는 식으로 진행된다. 그것은 다소간 무미건조하고 장황한 연재 소설과도 같다. 보잘것없는 나도 미미하나마 참여하여 함께 써 나가는 연재 소설 말이다.

지평, 내 생각으로는 이것이 적당한 단어인 것 같다. 이 영원하고 지속적인 정보의 활동, 이 지평이 때로는 나에게 좁고 무의미하게 보인다.

세무서에서 돈을 돌려받는 것은 신이 나는 일이며, 화재경보기와 소화기를 설치하는 것은 정말 당연하고도 옳은 일이다. 보통으로 있는 일이다. 그러나 예컨대 별이라든지 생의 비밀이라든지 내가 읽어야 하는 중요한 책 같은 것은 국가의 소관 사항이 아니다. 내가 그런 일 때문에 골머리를 썩힐 필요는 없다. 이 지구는 나의 도움 없이도 태양 주위를 돌아가고 있는 것이다.

이따금 나는 나 자신이 존재하는지 어떤지 잘 분간이 되지 않을 때가 있다. 나는 바로 이 순간만 여기에 있을 뿐 그후 다시는 되돌아오지 않기 때문이다. 그런데도 그 사실은 쉽게 잊혀지고 있다. 잠시 생각해 보더라도 나는 그 사실을 언제나 알고 있는 데도 말이다. 그러나 아무도 나에게 그 사실을 알아라고 재촉하지 않는다. 이 문제만큼은 그 누가 친밀하게 지적해 주지도 않는다. 정보의 홍수 속에서 내가 살아 있다는 사실을 잊어버린다 하더라도 그것은 다만 나의 문제일 뿐이다.

그래서 나는 이 나라의 모든 중요 일간지에 다음과 같이 공고하고 싶다. 〈남녀 시민 여러분 모두에게 알립니다: 세상은 여기 그리고 지금 존재하는 것입니다!〉라고.

백 개의 옥수수 알

그렇다, 손님이 왔을 때 종종 그러는 것처럼 우리는 식사를 마치고 난 후에 일어서지 않고 잠시 동안 식탁에 함께 앉아 있었다. 이야기를 나누기 위해서가 아니라, 그저 그렇게 있었다. 남자들——즉 나의 아버지, 나의 할아버지, 나의 삼촌——은 담배를 피웠다. 여자들——즉 나의 의붓어머니, 나의 할머니, 나의 숙모——는 흩어진 빵 부스러기와 설탕을 손가락 끝으로 식탁에서 쓸어 담아 깨끗이 핥아먹었다. 나도 소녀였으므로 마찬가지로 그랬다. 나의 남동생은 아직 소년이고 어른이 아니었으므로 담배를 피울 수 없었다. 그는 우리들 사이에서 이리저리 기어다니고 있는 개미들을 이쪽 팔꿈치와 저쪽 팔꿈치로 장난을 치면서 가지고 놀았다.

그러다가 삼촌이 시계를 바라보면서 말을 했다. 「카드놀이나 하는 게 어때요」 그들은 백 개의 옥수수 알을 가지고 카드놀이를 했고, 그 낱알들이 다 떨어지면 돈을 다 잃은 셈이었다. 그러면 삼촌은 상의 호주머니에서 옥수수 알들이 들어 있는 자그마한 주머니를 꺼냈다. 할아버지는 옷장으로 가서 작은 깡통을 가져 와 그것을 흔들었고, 그러면 딸그랑거리는 소리가 났다. 아버지는 호주머니 칼에서 찰칵 소리를 내며 사다리를 꺼내어 폈다.* 그러고는 그것을 방의 벽에다 걸쳐놓았고, 모자를 쓰고는 제일 높은 디딤판에까지 올라갔다. 거기서 천장 너머로 머리를 내밀고는 멀리 풍경을 바라보며 말했다. 「오늘은 내가 이길 테니, 봐」 나의 남동생은 울기 시작했다.

- - - - -
* 호주머니 칼에서 어른이 딛고 올라갈 수 있는 사다리가 나올 리는 없다. 여기서 작가는 사다리라는 상징을 통해서 현실과 초현실의 공존을 말하고 있는 것 같다.

헤르타 뮐러

책 다리 비행 시구(詩句)

무엇 때문에 나는 책과 함께 멀리 대기 속을 날아왔는가?

여기는 서늘하고 조용하다. 어떤 사람도 찾아오지 않는다.

다리〔足〕 아래 책을 달고 날아가면
결코 혼자가 아니다!

라인하르트 레타우

오래된 학교의 안뜰

지난해 12월에 이 그림이 나에게 보내져 왔다. 그림에 어울리는 말을 좀 해달라는 친절한 부탁도 함께 들어 있었다. 그 그림은 몇 주일 동안 내 책상 위에 놓여 있었는데, 오래 거기에 놓여 있으면 있을수록 그리고 자주 보면 볼수록 그 그림은 나에게 입을 다무는 것처럼 보였다. 무어라 이름 붙이기도 곤란한 그 과제는 극복할 수 없이 내 앞에 솟아 있는 그 어떤 장애물이 되고 말았다. 그러던 중 1월 말경의 어느 날 그 그림은 적잖이 다행하게도 원래 놓여 있던 자리에서 갑자기 사라지고 말았다. 그 행방은 아무도 몰랐다. 그런데 어느 정도 시간이 지나 거의 잊어버렸을 무렵 그 그림이 예기치 않게 다시 돌아왔다. 지난 여름 이후로 서로 연락을 하고 있던 세라핀 아쿠아비바 부인이 보니파시오에서 보낸 편지와 함께 그 그림이 돌아왔던 것이다. 부인의 말에 의하면 1월 27일자의 내 편지에 아무런 언급도 없이 동봉된 이 그림을 어떻게 해서 내가 가지고 있게 되었는지 궁금하다는 것이었다. 그리고 그 그림은 1930년대에 부인이 다니던 포르토 베키오의 오래된 학교의 안뜰이라는 것이었다. 부인의 말에 의하면 포르토 베키오는 당시 지속적으로 말라리아의 습격을 받아 반쯤 죽은 도시였고, 염분이 많은 땅과 늪지대와 녹색의 울창한 숲으로 둘러싸인 도시였다. 기껏해야 한 달에 한번 레그호른에서 녹슨 화물선이 도착했는데, 그것도 부두에서 떡갈나무 판자를 싣기 위해서였다. 그 이외에는 아무런 일도 일어나지 않았다. 백 년 이래로 그랬던 것처럼 모든 것이 쓰러지고 썩어 가는 것을 제외하고는. 거리에는 언제나 무시무시한 정적만이 감돌았다. 왜냐하면 주민의 절반은 열병에 시달리며 집안에서 점점 죽어가고 있거나 아니면 누렇고 바싹 마른 얼굴로 계단이나 문 아래에 앉아 있었기 때문이었다. 학교에 다니던 우리 아이들은──아쿠아비바 부인도 포함하여──아무런 사정도 몰랐기 때문에 공식적으로는 살지 못하도록 되어 있는 이 도시에서 우리들의 삶이 아무런 가망성도 없다는 것을 알 리가 없었다. 우리는 보다 행복한 지방에 살고 있는 아이들과 마찬가지로 셈과 글쓰기 그리고 나폴레옹 황제의 영광과 몰락에 대한 이런저런 이야기들을 배웠다. 우리는 이따금 창가에 앉아 바깥을 내다보았다. 우리의 시선은 학교 마당의 담을 넘고 해안호수의 하얀 해변을 넘어 저 멀리 에트루리아 해 위에서 흔들거리며 진동하고 있는 눈부신 빛을 바라보았다. 아쿠아비바 부인은 다음의 말로 편지를 맺었다. 나는 지금까지 학창 시절에 대한 거의 아무런 기억도 가지고 있지 않았어요. 투생 베네디트라는 이름의 한때 경기병이었던 우리 선생님이 내가 한 숙제 위로 몸을 굽히고 보시면서 거듭해서 이렇게 말씀하신 것을 제외하고는 말입니다. 「너는 서투르게 쓰는구나, 세라핀! 사람들이 그걸 어떻게 읽길 바라겠니?」

이전에 한 우유부단한 작가가 살았다. 글을 쓸 때는 읽을 수가 없다고 안타까워했고, 읽을 때에는 글을 쓸 수가 없다며 안타까워했다.

어느 날 그는 한 통의 편지를 받았는데, 거기에는 다음과 같이 씌어져 있었다. 「나는 인터뷰를 보고 당신의 문제에 대해 알게 되었습니다. 이 종이에 씌어져 있는 대로 한번 따라해 보십시오. 그러면 문제가 풀릴 것입니다」 그리고 아래쪽에는 한 친구로부터, 라고 서명되어 있었다.

작가는 편지대로 따라했는데, 그러다 보니 다음과 같이 되었다. 많은 책들이 땅바닥에 기하학적인 배치에 따라 흩어져서 놓여졌고, 책들은 목재로 만든 한쪽 벽에 있는 닫힌 문에까지 이어져 있었다. 잔디밭에는 촛불 하나가 켜져 있었고, 여자 신발과 모래 시계도 있었다.

작가는 생각했다. 「아직도 내게 남아 있는 인생에 있어서 시간의 본질을 알려면 사랑만이 나에게 도움을 줄 테지」

그는 첫번째 종이를 들어올렸다. 그것은 흰색이었다. 두번째 종이도 흰색이었다. 모든 종이들이 흰색이었다. 그는 문 쪽으로 가서 그것을 열었다. 그러나 문 뒤쪽에는 아무것도 없고 다만 끝없는 평원만 있었다. 그때 그는 흰색의 종이들이 그가 쓰고 그가 읽으려고 했던 책이라는 사실을 깨달았다. 왜냐하면 마침내 글쓰기와 읽기가 하나가 되었기 때문이었다.

기우제뻬 폰티기아

기우제페 폰티기아

기우제패 폰티기아

정말이지 그는 다시 오지 말았어야 했다. 그는 순전히 우연으로 확률상의 기적에 의해 살아남았다. 그의 가족은 폭풍우 속에서 사라졌다. 먼 친척들이 그를 안전하게 몰래 숨겨 데려와서 길렀다. 그들이 그의 아버지와 어머니에 대해서 이야기를 해주었다. 그들은 그에게 말도 안 되는 시시하고 우스꽝스런 사진들을 보여주었고, 그의 집을 그린 그림들도 몇 점 보여주었는데, 그 집은 아마도 웃음거리에 지나지 않겠지만 묘하게도 아직 그대로 남아 있었다. 이 재만 남은 장소에 왜 돌아가야 한단 말인가?

하지만 그는 여기에 왔다. 빈방들을 지나서 ─ 발가락 끝으로 걷는 듯이 조심스럽게 ─ 의기소침해하면서 자기 자신의 숨소리를 뚫고 들어왔다. 먼지는 겹겹이 쌓여 있었고 오싹한 느낌을 주는 냄새는 더욱 참기가 어려웠다. 왜냐하면 그 정적 속에는 그 어떤 평화로움도 깃들여 있지 않았기 때문이었다.

다락방의 뒤쪽 구석에 책장 하나가 닫힌 채로 놓여 있었다. 그것은 남아 있는 유일한 가구였기 때문에 그의 마음 깊숙한 곳에서 꼭 죄는 듯한 그 어떤 느낌이 일었다. 그는 발길을 돌리려 했지만 그 무엇이 다시 그를 끌어당겼다. 저항할 수가 없었다. 그는 그것이 들여다보아서는 안 되는 일종의 벌거벗은 몸이라는 것을 알았다. 그는 왼손으로 ─ 마치 그것이 낯선 사람의 손이기라도 한 것처럼 느끼면서 ─ 그 문을 열었다.

그가 발견한 것은 처음에는 아무런 의미도 던지지 않았다. 책장의 판자들은 먼지 때문에 그 형체가 분명하지 않았다. 그러나 조밀한 간격으로 밝은 띠들이 드러나 보였고, 바로 뒤쪽 벽에도 마찬가지로 그런 희미한 흔적들이 있었다. 그 순간 그는 알아차렸다. 거기에 책들이 있었던 것이다. 줄을 지어 서 있었다. 유년 시절의 그의 책들이. 텅 빈 공간이 생명으로 다시 깨어났다. 삽화가 그려져 있는 그리스 신화 사전, 어린이용 성경, 보물섬. 금박을 입힌 표지에 아리엘의 그림이 있는 찰스와 메어리 램의 셰익스피어 이야기, 유명한 경주용 자동차들의 사진을 모은 앨범. 그는 문을 닫으려고 애를 썼다. 그는 기억에 떠오르는 것을 잊으려고 절망적인 몸부림을 했다. 하지만 불가능이었다. 지난 시절의 책들의 목소리가 그에게 고통을 주었다. 그리고 침대로 가기 전에 책을 읽어주던 한 지친 남자의 목소리도 그것들과 함께 들려왔다. 책을 읽어주던 그 자리는 너무도 잘 보호되어 있었다. 마치 이 세상에 존재하지 않는 곳이기라도 한 것처럼.

조지 슈타이너

말리 여행기

8월 27-28일, 코리우메-라루스에서

한밤중이 지나서부터 〈톰북투〉호는 팀북투 근처에 닻을 내리고 있다. 그 도시의 명승고적들에 대해 줄줄 외워서 말할 수 있는 한 고등학생이 나를 먼지 자욱한 거리로 안내를 한다. 점토벽돌로 지은 이층집들에는 놋쇠 장식이 있는 목재 덧문과 문들이 달려 있으며, 그 집들 사이로 설립자의 이름을 따라 상코레 사원이라고 불리는 첨탑이 솟아 있다. 하인리히 뤼브케가 만든 청동판은, 그 사막 도시의 이름을 전 세계의 절반 지역에 널리 알렸으며 그와 동명이인(同名異人)인 하인히리 바르트(1853/54)가 팀북투에 머물렀던 사실을 상기시킨다. 바르트보다 30년 전에 유럽인으로서는 처음으로 팀북투에 도착했던 르네 카이유가 살았던 집은 프랑스인들의 도움으로 새로 수리되었다. 길거리의 한쪽 모퉁이에는 영국인 소령 랭을 기리는 기념판이 있다. 그는 1826년 정식으로 제복을 차려 입고 팀북투에 들어왔는데, 그러한 어리석은 행동은 죽음으로 값을 치렀다. 창끝에 찔려 꿰어진 그의 머리는 경고용으로 도시의 성문 앞에 전시되었던 것이다. 유럽의 식민주의자들은 그들의 선구자와 순교자들을 그런 식으로 기리고 있다. 고대 말리 제국의 번성기에 팀북투를 방문했던 아랍인 여행자, 이븐 바투타를 기리는 기념판은 어디에도 없다.

사원으로 들어가는 입구에서 나의 안내자가 나에게 500프랑을 요구한다. 「이곳은 신전이고, 당신은 신자가 아니기 때문입니다」 내부는 동굴 안처럼 서늘하고 어둑어둑했다. 생나무 가지들의 숲이 기둥 역할을 하면서 점토를 밟아 만든 천장을 지탱하고 있다. 성스러운 쌍둥이 형제인 하산과 후세인의 무덤 옆의 벽에는 기도를 위해 오목하게 파놓은 곳들이 여기저기 있다. 머리를 숙인 채 간신히 올라갈 수 있는 나선형 계단을 지나 우리는 첨탑의 전망대에 이른다. 「선생님, 조심해서 발을 디디시죠, 그렇지 않으면 발아래 계단이 무너집니다」라고 안내자가 말한다.

한스 크리스토프 부흐

사물들의 자리

오늘은 태양이 비칠 것 같군,

하고 그대는 7시에 침대에 누워서 생각한다.
틀에 박힌 일상적인 터치로 처리하기에는
자외선이 너무 많아.

초로(初老)의 물의 요정으로서
그대는 그대의 발코니로 들어선다.
원시 콜롬비아 인의 표정을 지으면서,
왜냐하면, 누가 안단 말인가, 어느새 비라도 내릴지.

라디오에서는 만돌린 소리가 흘러나오고 있고,
집 아래쪽에서는 아침의 인파들이 웅성거리고 있다.
아, 하고 타자기가 중얼거린다,
그 누구도 이제 더 이상 비상(飛翔)을 꿈꾸지 않는구나.

한나 요한젠

무슨 일이든 일어나게 마련이다

나는 몹시 바쁜 데다가 줄담배를 핀다. 이 장소에서 저 장소로 허겁지겁 다니며 쪽지에 씌어진 대로 여러 가지 일들을 처리한다. 이미 해결된 문제들은 줄을 그어 지우며, 새로 생긴 문제들은 같은 쪽지에 기입한다. 그와 동시에 편지와 청원서 그리고 전화상의 연락들에 대해 답변한다. 방울방울 물이 새는 수도꼭지를 분해하여 그 안에서 썩어 있는 누름 고리를 교체한 후 다시 꼭지를 잠근다. 그리고 잊지 않고 제 시간에 세탁소에 들른다. 나의 수정 동의안을 작성하여 그것을 가능한 한 빨리 교육 문화 장관에게 전달하도록 한다. 그리고 취쉬카 아주머니에게 데코레이션 케이크에 대해 감사를 드린다. 수표 문제와 관련하여 문의를 한다. 그리고 평화 위원회의 모임과 몬테비데오에서 온 여자 교수와의 만남 사이에 시간을 내어 와이셔츠──그 칼라는 이미 땀에 찌들어 있다──를 갈아입는 것을 잊지 않는다. 게다가 오후 뉴스를 놓쳐서는 안 되는데, 버스 정류장에서 들으니 그 뉴스는 군대 집결에 대해서 무언가를 말하고 있다. 그밖에도 때운 이를 새로 손보아야 하며, 주초에 온 우유를 하수구에 쏟아부어야 한다. 샌들의 가죽끈을 교체해야 하며, 냉장고 수리를 맡길 수선공을 수소문하여 찾아야 하고, 담배를 조금 줄여야 하며, 시간이 달려가고 있으므로 좀더 서둘러야 한다. 그리고 책의 표지 문제와 관련하여 결단을 내리지 않을 수 없으며, 임의 체포에 대한 나의 견해를 표명해야 하고, 첼리히와 슬라바를 방문하여 추모의 글들에 대한 편집을 맡지 않으면서 위로의 말 몇 마디를 던져야 한다. 석간 신문을 대충 훑어보아야 하며, 심술궂은 슈스터 박사에게 모욕을 받은 데 대해 앙갚음을 해야 한다. 아니면 뢴트겐 사진을 찍을 시간을 예약해야 한다. 나를 길모퉁이까지, 바로 다음 구역을 지나 그 다음 구역까지 데려다 주는 키부츠 동맹의 늙은 신사에게 적당히 둘러대어야 한다. 더 악화되는 치통을 무시해야 한다. 그리고──마침내──차에 치어 그 뇌수를 거리에 쏟고 있는 개를 지나쳐야 한다. 그러다가 갑자기 내가 색깔의 변화를 알아차리지 못했다는 사실을 깨닫는다. 아침은 희고 푸르고 아주 뜨거웠으나 저녁은 회색이고 어두우며 습기에 젖어 있다. 바다 쪽에서 바람이 불어온다. 그리고 나는 묻는다. 그 모든 것이 언제 지나갔는지. 거리 쪽으로 난 창의 오른편 구석에서 한 여자가 머리 위쪽으로 옷을 벗었다. 나는 담배를 피우고 걸음을 서두르면서 심각한 표정으로 창가를 지나갔다. 멈추어 서지 않았다. 내가

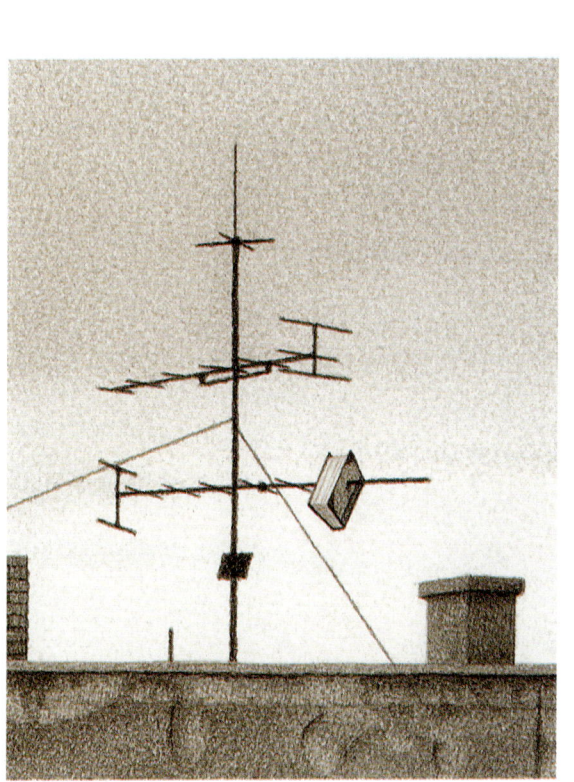

무언가를 느끼기도 전에 눈에서 그녀의 허벅다리가 사라졌다. 물론 내가 걸어가는 동안에 여기저기서 몇 마리의 새들이 지저귀었을 것이다. 하지만 나는 듣지 못했다. 물론 어디에선가 종소리도 들려왔을 것이다. 하지만 나와는 아무런 상관이 없었다. 그 어디에선가 한 주부가, 네 아이의 어머니가 결심을 했다. 이제 살만큼 살았다, 아무런 의미도 없다면서 보통의 가정용 가위를 가지고 목숨을 끊었다고, 저녁 신문에 실려 있었다. 나는 그것을 버스 안에서 선 채로 읽었다. 나는 다른 사람의 담배 연기와 나 자신의 담배 연기 때문에 눈물을 흘린다. 신문은 또 상황이 악화되고 있음을 알리고 있다. 곧 6시 뉴스가 들려 올 것이다. 아마도 시리아의 포병대가 엄청난 포격을 시작했는지도 모른다. 그리고 우리 공군의 비행기들이 출격하여 땅 위의 모든 것을 초토화했는지도 모른다. 아니면 우리의 병력이 이번에는 정보국의 적절한 경고에 따라 전격전을 수행하여 적군의 진지들을 모조리 파괴하고는 지금 이 순간 다마스커스의 성문 입구에 있는지도 모른다. 정적. 나로 하여금 듣게 하라. 나는 더 이상 놓치고 싶지 않다. 상황은 점점 더 첨예화되고 있으며, 무슨 일이든 일어나게 마련이다.

내 말을 믿기 바란다. 그 낯선 사나이는 특이했다. 그는 짙은 회색의 연미복과 실크 해트 복장을 한 채 초라한 행색으로 거지처럼 돌아다녔다. 사람들은 그에 대해 무서운 이야기들을 수군거렸다. 그들은 그가 이 마을에 온 후로 두려움에 떨었다. 그는 낡은 폐교 안으로 들어가서 스물두 개의 방에서 혼자 살았다. 아무런 가구나 그릇도 없이.

나의 집주인은 집 둘레에다가 높은 판자 담을 쳤다. 내가 그를 찾아가서 이유를 물었더니 학교에 대해서 무언가 알아들을 수 없는 말을 중얼거리기만 했다. 나는 집안으로 들어갔다. 그리고 바로 첫날밤에 톱질하는 소리와 망치질하는 소리를 듣고는 불안해졌다. 아침에 깨어나서 보니 연미복과 실크 해트의 사나이가 높은 담 안의 창 앞에서 땀을 흘리며 서 있었다. 그는 「우리 서로 아는 체 해야지」라고 말하면서 승리를 확신하는 듯한 큰소리로 웃었다. 정말 거의 악마적인 웃음이었다. 여름에 나는 그가 마당에서 이리저리 껑충껑충 뛰어다니면서 춤을 추고, 불을 삼키거나 가지고 놀면서 장난을 하는 것을 보았다. 이따금 나는 탕 하는 소리를 들었고 그럴 때면 언덕에서 조그만 연기구름이 솟아오르는 것을 볼 수 있었다. 종종 나는 그를 관람하는 유일한 관중이었다. 나는 그가 나를 보고 응답의 눈짓을 보낼 때까지 눈짓을 하거나 요란스럽게 박수를 쳤다.

「책은 왜 읽는 거야?」라고 그가 아주 추운 어느 날 아침 나에게 말했다. 그러면서 판자 담의 위쪽 모서리에 쌓인 눈을 쓸어내리고는 사뿐하게 그 위로 뛰어올라갔다. 그러고는 나의 작은 정원을 내려다보며 몸을 흔들거렸다. 그는 몸을 기울여 그의 실크 해트를 판자에서 솟아 나와 있는 녹이 쓴 커다란 못 위에 정확하게 걸었다. 「읽어도 되고 안 읽어도 되고」라며 그는 내가 거부한 대답을 자신이 덧붙여 말했다.

「읽어 보려고는 해야지」라고 그가 계속해서 말했다. 「능력? 그건 이럭저럭 하면 되겠지」이렇게 말하면서 그는 무례하게 웃었다. 그때 나는 나의 위스키 잔과 나의 사랑하는 만년필이 그를 향하여 몸을 떨면서 마치 노예와도 같이 그의 뜻에 따르는 것을 보았다. 만년필은 유리잔의 둥그런 모서리 위에서 한 바퀴 또 한 바퀴 빙빙 돌면서 춤을 추었다. 승리에 찬 목소리로 그가 말했다. 「사람들은 자기 일을 마치 심장과 이성을 가진 에이스 카드처럼 척척 해내지」바로 이 순간에 소위 카드가 판자들 사이로 미끄러져 내렸다. 「만일 에이스가 아니고 2라면 떨어뜨려 버리는 것이고」

나는 두려움에 몸이 마비되었으며, 편안한 양로원에 가 있는 나의 집주인이

라픽 샤미

라픽 샤미

부러웠다. 「예술에 있어서는 자신의 발걸음으로 되돌아오는 것을 계획해야 해, 그러면 성공적인 여행이 되겠지」라고 그가 엄숙한 어조로 말했다. 그때 갑자기 탕 하는 소리가 나면서 연기구름이 나의 시야를 가렸다. 그리고 연기가 사라지고 나자 까마귀가 거기에 앉아 있었는데, 그 기이한 사나이의 눈과 그 승리에 찬 눈길을 하고 있었다. 나는 그 까마귀가 중얼거리는 소리를 들었다. 「공식이 어떻다는 거야? 빌어먹을, 귀환 여행의 공식이라니!」

나는 바로 가까이에 있는 카메라를 재빨리 손에 쥐고 세 번 찰칵 사진을 찍었다. 유감스럽게도 다른 두 장의 사진은 엉망이 되었다. 왜냐하면 그 까마귀가 격분하여 미친 듯이 날갯짓을 했기 때문이었다. 만일 내가 당신에게 지금 동봉하여 보내는 이 사진이 없었다면, 나는 그 모든 것을 믿지 못했을 것이다.

덧붙여 말하자면 그 까마귀는 욕설을 하면서 날아가 버렸다. 그리고 그 이후로 마을의 그 사나이도 더 이상 보이지 않았다.

늙고 눈먼 사나이가 열려진 창가에 누워서 그가 잘 알았던 대도시에서 아득하게 들려오는 소음에 귀를 기울이고 있었다. 그는 잠을 자기도 했고, 자지 않기도 했다. 하지만 그의 생각이 마치 꿈과 비슷하게 되는 것은 이제 너무나 자주 있는 일이었다. 그래서 그는 깨어나 있는 상태와 꿈꾸는 상태를 더 이상 구분하지 않았다. 마지막으로 방문한 여성은 약 한 시간 전에 갔다. 그의 손은 그녀가 읽어주었던 책의 부드러운 가죽 표지 위를 쓰다듬었다. 예전에는 그도 볼 수가 있었다. 그는 손가락 하나로 표지에 인쇄된 세 개의 장식 글자들의 선을 더듬었고, 그러는 동안 그의 기억은 손가락이 느끼는 감촉을 색깔로 변화시켰다. 황금빛이 나는 베이지 색이었다. 라이너 마리아 릴케의 전집이 떠올랐다. 그의 집에는 책이 몇 권 없었고, 그 몇 권의 책 중에서도 그가 쓴 것은 한 권도 없었다. 그는 여자 방문객에게 도서관에서 첫번째 권을 가져다 달라고 부탁을 했었다. 왜냐하면 그는 표범에 관한 시를 다시 한번 듣고 싶었기 때문이었다. 그녀가 더듬거리는 독일어로 책을 읽어주는 동안, 그는 식물원의 정원에서 표범이 원을 그리며 도는 모습을, 표범이 격자 창살들을 따라서 끝없이 둥그런 매듭을 만들며 도는 것을 보았다. 커다란 고양이의 음산하면서도 회피하는 듯한 시선, 사람들로 하여금 마치 자신들이 존재하지 않는 듯한 느낌이 들게 하는 그런 시선을 보았다. 「표범에게는 마치 수천의 창살들이 존재하며/ 그 수천의 창살들 뒤로는 아무런 세계도 존재하지 않는 것처럼 보였다」그 장님은 그녀에게 이 구절을 다시 한번 읽어달라고 부탁했다. 이제 그는 끊임없이 제자리로 돌아오는 표범과 꼭 마찬가지로 영원히 순환하는 밤 속에 말없이 누워 있었다. 한번 보았던 사람은 꿈속에서도 계속 볼 수 있는 것이다. 안 그래도 그는 자신이 방안에서 더 이상 혼자가 아니라는 사실을 알았다. 너무나 부드러운 빌로도 같은 발들이 내는 소리, 한 차례의 숨소리, 소리 없이 열리는 문, 밤의 어둠보다 더 어두운 그림자. 다만 파리에 있었을 때와 다른 하나는, 이번에는 동물이 그를 본다는 것이었다. 그는 자신의 보이지 않는 눈으로 위험한 불꽃을 보았고, 그가 한때 또 다른 맹수인 호랑이에 대해 썼던 시구를 생각했다. 두려움이 일지는 않았다. 그는 전 생애 동안 추구해 왔던 그 무엇이 지금 자기 앞에 다가와 있음을 알았다. 그는 지금 자기 옆에 있는 동물이 자기에 대해 꿈꾸고 있으며,* 또한 시를 낭송하는 동안 그 자신이** 이 꿈을 생겨나게 했다는 것을 알았다. 그러고 나서 그는 보았다. 그 커다란 고양이는—그 숨소리는 마치 부드러운 미풍과도 같이 방을 지나갔다—몸을 일으켜 세우고 발 하나를 사용하여 그 책을 마치 먹이라도 되는 것처럼 날카로운 하얀 이빨들 사이로 밀어넣었다. 그리고 그 상아색의 포획물을 덥석 물고는 단숨에 뛰어서——그 동작은 매우 빠르면서도 동시에 끝없이 느린 것처럼 보였다——열려져 있는 창문을 통하여 밖으로 가볍게 몸을 날렸다. 그러고는 전깃줄을 따라 걸어가면서 어둠 속으로 사라졌다. 밤의 별들은 마치 눈송이들과 같았다.

1996년 2월 6일 산타 모니카에서

* 장님이 표범에 대한 꿈을 꾸는 것이 아니라, 표범이 장님에 대한 꿈을 꾼다.
** 장님 노인을 가리킨다.

「**책**을 읽기에는 곧 날이 너무 어두워진다……」

「아니야! 더 올라가! 이제서야 아름다운 경치가 내려다보인다! 지긋지긋한 소음이 들려오는 산에서 떠나 더 올라가자. 검은 바다 위의 침묵하고 있는 배로부터도 떠나자. 모래에 발자국들이 남아 있는 하얀 사막으로부터도 떠나자!」

「하지만 더 오래 끌어서는 곤란해! 활자들이 이미 눈앞에 어른거리는군」

「아니야! 활자들은 헤엄치는 것이 아니라 날아가는 거야——그리고 우리도 날아가고 있는 거지! 땅은 저 아래쪽으로 가라앉고 있어. 벌써 밤이야. 하지만 우리들에게 책이 있으면 아직 아름다운 빛이 있는 셈이야. 파랗게 빛나는 등불 말이야. 그 빛은 그렇게 영원히 계속될 거야!」

「이제는 이런저런 단어들이 희미하게만 보여…… 산…… 바다…… 사막—— 그리고 지금은 전혀 아무것도 보이지 않아」

「그럼에도 불구하고 너는 계속해서 읽어야 해! 너의 목소리는 언제나 거듭해서 새로운 영상들을 불러일으켜야 해. 네가 가만히 있으면 그 어떤 나쁜 일이 일어날거야——네가 가만히 있으면 우리는 추락해!」

마르틴 모제바흐

크빈트 부흐홀츠의 그림 앞에서

자, 말의 해부도(解剖刀)를 들고서 본격적으로 정성을 들여 꼼꼼하게 시술해보기로 하자. 뛰어난 솜씨를 자랑하는 외과의사의 방식대로. 우선 이 놀랍도록 아름다운 그림에 무엇이 나타나 있는가 하는 것부터 묘사해 보기로 하자.

때는 장엄한 일몰의 시간이다. 노파로 보이는 한 여성이 시골 별장의 정원에서 책을 읽고 있다. 아마 시집일지도 모른다. 늙은 여성은 서쪽을 향하여 앉아 있다. 그리고 이따금 한숨을 쉬기도 하고, 책으로부터 시선을 돌려 소멸해 가는 태양을 바라보기도 한다.

하지만 이 그림에는 우리를 훨씬 더 의아하게 만드는 또 다른 것들이 있다. 늙은 여성은 자기가 앉아 있는 안락의자와 함께 공중에 떠 있다. 찻잔도 공중에 떠 있다. 하지만 차 주전자와 그것이 놓여 있는 탁자는 그렇지 않다. 집도 떠 있지 않다. 마음을 불안하게 만드는 삽도 마찬가지로 떠 있지 않다. 벽에 기댄 채로 그대로 있다.

우선은 이렇게 생각해 볼 수 있겠다. 시(詩)의 정신과 아름다움이 책을 읽고 있는 노파를 저 예속 상태, 즉 모든 인간에게 있어서 지구 인력을 의미하는 구속으로부터 해방시켰노라고. 이 경우에는 물론 독서 삼매에 빠진 여성의 정신만 떠 있는 것이 아니라, 그 몸도 그리고 그 몸의 연장인 잔 속의 차도 함께 떠 있는 것이다.

그림의 왼편에 있는 섬뜩한 삽을 보는 순간 우리는 곧 불길하기 짝이 없는 그 어떤 생각에 빠져드는 것을 느낀다. 그리고 이러한 생각은 이 노파의 무중력 상태를 설명할 수 있을지도 모른다.

우리는 생각한다. 저 삽은 아마도 고집불통에다가 사사건건 시비를 거는 한 늙은 고집쟁이의 시체를 묻는 데 사용되었으며, 그 노인을 살해한 것은 반 백년 동안 군소리 없이 시중을 들었던 그의 아내인지도 모른다고. 그리고 이 노파가 공중에 떠 있는 것은 까다롭게 구는 남편 곁에서 50년이나 지낸 후 마침내 행복을 느끼고 아무런 방해도 받지 않으면서 시를 읽을 수 있기 때문일지도 모른다고.

나는 종이 한 장을 타자기에 끼워넣고 자판을 두드린다.
저 상륙용 발판을 나는 알고 있다. 저 타자기를 나는 알고 있다. 저 호수를 나는 알고 있다.

나는 저 지역 전체를 알고 있다. 또한 그 어떤 각성 상태와 함께 저 호숫가로 온 것이 무엇인지를 나는 알고 있다. 저 호숫가를 나는 너무도 잘 알고 있다. 내가 말하는 것은 저 길다랗게 펼쳐진 호숫가, 저 별 볼일 없는 호숫가이다. 나는 호숫가를 따라 달리는 도로도 알고 있다. 그 위의 사람들도 알고 있다. 나는 그들을 더 이상 자세히 알고 싶지 않다. 내가 그 호수를 아주 잘 알게 되자 나는 그것이 더 이상 마음에 들지 않게 되었다. 그리고 상륙용 발판도 나에게는 그렇고 그런 것이 되었다.

다만 나는 타자기만을 가지고 왔다. 그림에 있는 바로 그것을.

날은 뜨겁다. 저 남자는 책을 읽고 있다―그러나 그가 무슨 책을 읽고 있는지 우리는 결코 알지 못하게 될 것이다. 새는 배가 고프다. 평평한 육지가 저 멀리 보인다. 새는 몇 차례 원을 그리며 돈다―이것이 그림이 존재하는 이유이다.

잘못 놓여진 서류철

거의 백년 이후로 그들은 거기에 그렇게 서 있다. 뒤꿈치는 서로 바싹 붙이고, 등과 짧게 깎은 머리는 여기 대령이요 하며 수그리고 있다. 이제 곧 나타날 우두머리의 질책을 기다리고 있기라도 하듯이. 세 사람의 말없는 사나이. 그들은 어두운 사무실의 뒷방에서 낡은 가구들 그리고 시대에 떨어진 질서 체계와 함께 미이라가 되었다. 심지어 그들에게 비치는 햇빛조차도 먼지로 가득하다. 이 집의 지배적인 분위기는 파산 직전에 있는 회사들의 침묵이다.

중요한 서류철이 잘못 된 위치로 옮겨졌다. 지금은 캐비닛 위의 높은 곳에 위치하고 있다. 그들의 손이 거기에 닿자면 의자를 가져오거나 아니면 발가락 끝으로 서야 할 것이다. 그러면 중요한 서류철은 조아리고 있는 자들 중의 한 사람의 머리 위로 떨어질는지도 모른다. 그리고 그 서류철이 펼쳐지면서 안에 들어 있는 종이들이 바닥 위에 흩어질지도 모른다. 아니 더 멀리, 방금 강한 바람이 불어와서 밤의 어둠 속을 향해 활짝 열린 문을 통하여 더 먼 곳으로 사라져버릴지도 모른다.

그들이 머뭇거리고 있는 것은 이 때문이다. 그래서 그들은 서류철 앞에서 머리를 숙인 채 이처럼 경의를 표하고 있는 것이다.

찰스 사이믹

내가 도서관으로 들어가서 읽으려고 손에 들었던 첫번째 책은 지나치게 어려운 것으로 드러났다. 나는 그 비밀들을 캐내고 난 후에야 그 책을 덮기로 맹세했다. 그 당시 나는 아주 어린 나이였다—지금은 거의 반 백년의 나이이다—그래서 순진하게도 그 책이 나에게 모든 답을 줄 것이라고 믿었던 것이다.

마침내 나는 그 책을 다 읽었다. 하지만 나는 그렇게 다 읽고 나서도 여전히 문제점들이 풀리지 않고 있다는 점을 인정해야 했다.

내가 생각하기에 그 답은 내가 책상에 앉았을 때 옆의 바닥에 놓아두었던 제 2권 속에 있는 것으로 보였다. 세월이 지나면서 책들은 그런 식으로 점점 더 높이 쌓여갔다. 이제 그 책 더미는 하늘에까지 별에까지 닿고 있다. 그러니 내가 천사라 할지라도 그 기둥들의 제일 아래쪽에 어떻게 닿을 것인가? 그것들을 한 권 한 권 나르자면 인간인 내가 얼마나 많은 생을 소비해야 할 것인가?

그러나 길은 있는 법이다. 나는 이제 내 생의 여정의 후반부에 들어섰다. 그러므로 나에게 다른 선택의 여지는 없다. 나는 그 책들을 다시 한번 처음부터 읽을 것이다.

■ ■ ■

마르크 퍼터

나는 물의 시인이다. 나는 젊은 시절 북해 바다의 도도한 슬픔을 노래했으며, 여름날 조용히 흐르는 실개천의 마력을 노래했다. 나는 내 고향의 꿈처럼 고요한 호수 앞에 오랫동안 앉아 있었다. 남쪽 하늘 아래서 파도의 리듬에 귀를 기울였다. 축복을 내리는 하늘 아래서 조약돌들의 나직하게 울리는 소리에 귀를 기울였다. 어두운 하늘에서 떨어지는 빗방울을 맞으면서 시간을 보내기도 했다.

이제 나는 내 집을 팔았고, 나의 유년 시절을 뒤로 하고 떠났으며, 나의 책을 나누어주었다. 그리고 열심히 수집했던 돌들과 조개 껍질들을 바다가 다시 가져가도록 해변에다 뿌렸다. 그릇은 깨어졌다. 종이의 목마름도 고갈되었다. 이제 나는 나의 마지막 시를 쓴다. 내 앞은 흐릿하고 부드러우며, 내 주위에는 한때 나였던 모든 사람들이 모여 있다. 내 등 쪽에서는 또 다른 바다가 자연으로부터 걸어나오며, 솟아오른다.

미하엘 크뤼거

아니, 사랑하는 사람이여, 이제는 됐다. 나*는 돌아가지 않을 것이다. 그러니 책과 램프와 책상을 (커피 잔도 거기 있다는 것에 유의하라!) 집으로 날라라. 독일의 집으로 차를 타고 돌아가라. 그리고 나를 잊어라. 그리고 제발 나에 대해 글을 쓰는 일이 없도록 해달라. 나는 소설의 소재도, 더더군다나 중편이나 단편 소설의 소재도 되고 싶지 않다. 솔직히 말하자면, 짤막한 시도 내 마음에 들지 않을 것이다. 유감스럽게도 다시 사랑의 시가 나올 것임이 뻔하기 때문이다. 예감을 가지도록 하라! 그대 지식인들은 모두 한결 같다. 그대의 친구들에게 나에 대해 이야기하지 말아 달라. 나는 그대가 요란하게 수다 떨며 자기의 친구, 바다 처녀에 대해서 다시 말하리라는 것을 알고 있다. 그대는 아무리 술을 마시더라도, 앞뒤 안 가리고 바닷속으로 곤두박질할 그런 젊은이가 되지는 못할 것이다. 머리 속으로 낭만적인 생각을 가지고 있는 남자들에게 나는 가짜 연인일 뿐이다. 그래서 나는 차라리 그대의 말대로「저기 저 바깥 넓은 곳에서 다시 노닐고 싶은 것이다. 나의 환심을 사려고 드는 저 상어들 사이에 다시 있고 싶은 것이다」그렇다, 나의 사랑하는 사람이여, 파도와 파도 사이에서 재빨리 지나간다는 것은 여간 재미가 아니다. 뭍에 있는 여성들도 나의 재미를 함께 느낄 수 있다면 좋으련만. 여하간 그들에게 물어보기나 해라.

* 바다를 의인화하고 있다.

볼프 본드라체크

길 위의 인생

나의 삶은 얼핏보면 유별나게 보일지도 모르겠다. 그러나 사실은 내가 좋아하는 정해진 방식에 따라 사는 것에 불과하다.

나는 도시와 마을들을 지나다닌다. 같은 장소에서 두 밤을 지내는 적은 결코 없다. 나는 주로 저녁 무렵에 발길이 닿는 장소에서 묵는다. 어떤 사람도 나를 알지 못하며, 더군다나 내가 여기에서 그 다음날 무엇을 하게 될는지는 아무도 예상하지 못한다.

주목을 끌지 않기 위해 나는 거리를 어슬렁거리고 돌아다니면서 장소를 물색하다가 적당하게 보이는 곳을 발견한다. 나는 주민들과 말을 나누게 되는 일이 없도록 온갖 세심한 주의를 다한다. 아무런 의미 없는 사소한 이야기라 할지라도 피한다. 심지어 나는 시선을 마주침으로 해서 생겨나는 관계조차도 가급적 피한다.

다음날 아침 나는 가볍게 식사를 한다. 그리고 나서 어젯밤에 보아두었던 장소로 천천히 접근한다. 두 개의 교회 탑 사이로 아니면 성의 첨탑들 사이로

다비드 그로스만

걸어간다. 나는 손가락에 침을 묻혀 바람의 방향과 세기를 측정한다. 이것은 오로지 나에 게 밧줄 타기를 전수해 준 분에 대한 존경심에서 하는 행동이다. 또한 그 분도 오직 자기 선생님에 대한 존경심에서 그렇게 했던 것이다. 어쨌든 그들 중의 누구도 바람 때문에 겁이 나서 물러서지는 않았다.

이윽고 나는 동전을 모으기 위해 모자를 땅바닥에 놓는다. 그리고 이 지방에서 그 누구도 올라간 적이 없는 가장 높은 곳으로 기어올라간다. 창공의 저 높은 곳에서 나는 밧줄을 걸기 시작한다.
이 일을 하는 데는 상당한 시간이 걸린다. 세심하면서도 양심적으로 해야 하는 것이다. 그러는 동안 이 거리 저 거리에서 사람들이 몰려들기 시작한다. 그들은 내 발 아래로 모여든다. 그리고 나를 향하여 소리를 지르거나 불러댄다. 그러나 나는 대답하지 않는다. 수완 좋은 행상들이 어느새 군중들 사이를 누비면서 그들의 상품을 내놓는다. 나는 나의 출현으로 인하여 그들이 내 모자에 모이는 잔돈보다도 훨씬 많은 금액의 은화를 챙겨갈 것이라는 점에 대해 추호의 의심도 갖지 않는다.

나는 결코 안전 그물을 사용하지 않는다. 나는 또한 소방대가 와서 밧줄 아래쪽에 넓은 천을 펼쳐놓는 것도 허락하지 않는다.

연기는 3분 이상 걸리지 않기 때문이다. 나는 밧줄 위를 건너갔다가 되돌아온다.

밧줄 한가운데, 내가 살짝 붉은 선으로 표시해 놓은 지점에서 나는 소매로부터 펜 하나를 떨어뜨린다. 관객들의 불안에 찬 수군거림을 듣기 위해서이다.

가장 내딛기 어려운 걸음은——한쪽 발은 가까이에 있는 돌에 아직 닿지 않고 있고, 다른 발은 아직 밧줄 위에 있을 때이다.

연기가 끝나면 나는 내려와서 모자를 챙긴다. 대개는 다음날 하루를 넘기기에 충분할 만큼의 동전이 들어 있다. 사람들이 내 주위로 모여들면서 나에게 말을 건다. 하지만 나는 대답하지 않는다. 나는 용감한 동네 아이들이 높이 올라가서 나의 밧줄을 걷어올 때까지 기다린다. 나는 밧줄을 조심스럽게 감아서 단단한 뭉치로 만든 후 트렁크 속에 넣어둔다. 다음날 사용할 때까지.

그러고 나서는 서둘러 그 자리를 떠난다.

나는 앞에서 이미 말했다. 내가 연기를 한 곳에서 결코 밤을 지내는 일이 없다고. 나는 내가 출연한 장소를 혐오한다. 밧줄 위에서 균형을 잡는 나를 보기 위해 주민들이 모여들었던 도시나 마을에서 일분도 더 지체하고 싶지 않다.

여기가 좋다. 정확하게 두 마을 사이의 중간인 이 장소가.

어제의 마을은 이제 내 뒤에 있다. 결코 그리로 되돌아가지는 않을 것이다.

다음 마을이 아직 보이지 않는 동안, 지금 나는 홀로 있는 것이다.

산들바람이 불어온다.

이 자전거에 얽힌 이야기로 말할 것 같으면 다음과 같다. 그가 자전거를 타고 사랑하는 여자를 만나러 가는 도중에 갑자기 비가 내렸다. 그러나 길가에 책 한 권이 놓여 있었다. 그 책은 마치 지붕처럼 잘 펼쳐져 있었다. 그래서 그는 자전거를 거기에 세워놓았다. 그리고 두 책장 사이로 몸을 숨겼으며 수컷 말 위에 올라탔다. 그가 바깥으로 말을 타고 달려나가자 모래와 먼지가 하늘로 치솟았다. 그리고 몇 시간 후 베두인 족의 천막으로 말을 타고 들어갔다. 거기서 말을 팔았고 그 돈을 쓰기 시작했다. 베두인 족의 아내가 그에게 이방의 손님께서 그녀의 딸과 가약을 맺으면 어떻겠느냐고 심중을 털어놓았다. 그녀는 그를 미인이 있는 천막으로 데려갔다. 그는 거기에서 그 미인의 순결을 꺾었다. 그는 나머지 돈으로 당나귀를 샀고 찌는 듯한 태양 아래 오랜 시간을 타고 가 다른 도시에 도착했다. 거기에서 그는 그곳 왕에 의해 추방을 당했다. 그 왕의 아내도 함께 추방을 당했다. 왜냐하면 그가 그녀의 가슴 위에서 말을 탔기 때문이었다. 그 둘은 나란히 무릎을 꿇고 앉아 백 대의 채찍을 맞은 후 추방되었다. 당나귀를 팔아 얻은 수익금으로 식사를 하고 기운을 차린 후 그는 채찍을 맞은 여자로부터 받은 선물인 낙타를 타고 치욕에서 벗어나 쉬지 않고 달려 다른 도시에 도착했다. 그곳에서 낙타를 판 돈을 탕진한 후에 그는 그곳의 술탄과 함께 그 딸에게로 갔다. 그녀는 한 달 동안이나 그를 위해 몸을 바치고 봉사를 했다. 그런 후에 그는 걸어서 다른 도시에 도착할 수 있었다. 그러나 그는 도중에 사자를 타기도 했고, 또 코끼리를 타기도 했다. 그리고 마지막 구간은 새의 등에 올라타고 왔다. 그 새는 그를 한 궁전에 내려놓았다. 놀랍게도 세 번이나 동물의 등에 타고 왔다는 것 때문에 그곳의 왕이 그에게 자신의 왕국과 함께 세 딸을 물려주었다. 그 딸들은 각자 자기의 궁전을 가지고 있었기 때문에 그는 번갈아 궁전을 돌아다니면서 열정을 불태웠으며, 여기든 저기든 음식은 언제나 남아돌았다. 그렇게 하는 동안 3년이 지나갔다. 마침내 그는 가장 어린 아내의 개를 타고 원래의 자리로 되돌아갔고 거기에서 자전거로 갈아탈 수 있었다. 여전히 비가 내리고 있었고, 배도 고팠다. 그는 자기 애인을 그리워하면서 그 도시로 갔다.

파울 뷔어

파울 뷔어

파울 뷔어

도로 위에서

「나는 당신을 늘 관찰하고 있소」라고 클람이 마지막으로 그에게 편지를 했다. 그때는 겨울이었다. 그 이후로 K.는 그 최고위 관리로부터 아무런 편지도 받지 못했다. 하지만 그 문장만은 그의 기억 속에 단단히 못 박혔다. 그는 이제나저제나 하면서 토지 측량사 임용장을 기다리고 있었다. 어떻게 하여 망원경도 구하게 되었지만, 성(城) 당국이 그 반입을 수개월 동안 방해하였다. 그래서 K.는 그 망원경을 가지고 마을에서 나와 멀리 떨어진 도로 위의 한 지점에서 그 망원경을 성 쪽으로 향하여 설치하였다. 여기 바깥이라면 클람이라 할지라도 그를 감시할 수는 없을 것이기 때문이었다. K.는 망원경으로 창문을 조준하였다. 마을 사람들이 클람의 사무국 이야기가 나올 때면 언제나 손으로 가리키는 그 창문이었다. 창문 안으로 들여다보니 겹겹이 쌓여진 서류 뭉치들의 거대한 기둥들만이 보일 뿐이고 생명의 낌새는 조금도 보이지 않았다. 지친 K.는 도로 표지석 위에 앉았다. 그리고 마을의 서기가 클람의 위임을 받아 그에게 전달해 주었던 서류철에 들어 있는 측량 그림을 자세히 들여다

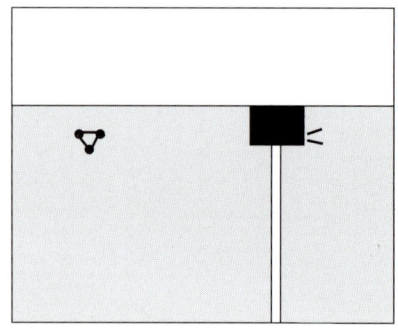

보았다. 지형 측량도의 정확성을 검토해 보라는 것이 K.에게 주어진 명령이었던 것이다. 어쨌든 K.가 보기에 어떤 축척으로 검토를 해야 할지 그리고 도대체 무엇을 다시 측량해야 하는지가 불분명했다. 적어도 이제 토지만은 저 앞에 자유롭게 놓여 있었다. 사실 그 토지는 그 동안 K.에게는 베일에 쌓인 곳이었다. 그래서 백작령(伯爵領) 당국이 그 당시 겨울에—그때는 토지 전체가 두터운 눈에 뒤덮여 있었다—그를 토지 측량사로서 임명했던 것이다. 도대체 이 측량 그림은 토지의 특성을 어느 정도로 보여주고 있는가? 특히 K.가 이상

하게 여겼던 것은 도로 위로 보통의 중앙선이 아니라 횡단선이 그려져 있다는 사실이었다. 그것은 경계선인가? 이 선은 성까지의 그 어떤 거리를 나타내고 있는 것인가? 그가 왔던 외지에서라면 이러한 물음들은 아마도 타당성이 있었을 것이다. 그러나 그러한 물음들은 여기에서는 무의미한 것으로 보였다. 성을 바라보는 순간 K.는 성이 취하고 있는 행동이 끝없는 경멸이라는 사실을 철저하게 깨달았다. 하지만 그로 하여금 이 황량한 땅으로 오도록 유혹한 것은 도대체 무엇이었던가? 여기 머물겠다는 욕망이 아니라면 말이다. 그는 아마도 당국의 다음 번 지시를 기다리게 될 것이다. 물론 그는 마음속으로 아무도 토지 측량사를 필요로 하지 않고 있으며, 성 당국은 정확한 측량치에 대해서 전혀 무관심하다는 사실을 알았다. K.는 아마도 실업자로 머물게 될 것이다. 왜냐하면 그의 작업은 결코 시작되지도 않았고, 결코 완결될 수도 없기 때문이었다. 아마도 그 동안 성안에서는 그에 관한 서류 더미가 높다랗게 쌓여가다가 언젠가는 무너지고 말 것이다.

혀들의 키스

노바 스코시아 주의 피츠 바우언 대학에서 수사학과 일상회화의 사상을 가르치는 J. 맥도날드-피츠-강좌를 맡고 있는 레이먼드 피터슨 펑크 교수는 세찬 바람이 몰아치는 어느 우중충한 날 오후에 소포 꾸러미 하나를 우편으로 받았다. 단단하고 얼음덩이처럼 무거운 그 책 모양의 소포는 책 포장용 판지 상자에 들어 있었다. 펑크 교수는 마노(瑪瑙)제의 둥그렇게 휘어진 개봉 나이프와 가위로 상당히 공을 들여 그 소포를 개봉할 수 있었으며, 그 내용물과 관련한 그의 처음 추측이 사실이라는 것을 확인했다. 그 안에는 정말로 책이 들어 있었던 것이다.

이 자리에서 덧붙여 말해 두지만, 이 사건은 더욱 진화된 인간 역사의 한 시기, 즉 작가들이 더 이상 책을 쓰지 않는 그런 시기에 일어났다. 그렇다, 책을 쓴다는 일이 결코 일어나지 않는 그런 때였다. 책은 그저 순식간에 떠올랐고, 깊이를 알 수 없는 우주적인 의식의 바다로부터 마치 마술처럼 나타났다. 게다가 언어학 이론에 따라서 인간 문화의 진정한 영웅이자 창시자로 대접받는 교양 있는 교수들만 책에 접근할 수 있었는데, 바로 레이먼드 피터슨 펑크 교수도 그러한 진정한 영웅이자 문화 창조주들 중의 한 사람이었다.

그는 그 물건, 그 책, 그 가공품을 이모저모로 검사했다. 손에 올리고 책의 무게를 가늠해 보았고, 그 제목을 뚫어지게 쳐다보았으며, 책장도 넘겨보았다. 그는 그 책이 지금까지 자신이 소유했던 여타의 수많은 책들과 전혀 다른 것을 보고는 깜짝 놀랐다. 즉 그 책은 상상할 수 없을 정도로 대담하게 그 저자의 이름을 드러내고 있었던 것이다. 그 얼마나 주제넘단 말인가! 그 얼마나 뻔뻔하단 말인가! 〈누구의〉라는 문구가 거기에 씌어져 있었다. 이럴 수가! 정말로 〈누구의〉라고 씌어져 있었다. 그는 지체없이 그 책의 전모를 추적할 수도 있었을 것이다. 물론 그는 어린 소년 시절 여름철 캠핑에 참가한 이래로 더 이상 책을 읽지 않았다. 다만 수백, 아니 수천의 책들을 암호 풀듯이 해독(解讀)해 왔을 뿐이었다. 하지만 해독은 무미건조한 작업이었고, 더군다나 이처럼 침침하고 우울한 날에 그런 일을 제대로 해낼 수는 없다고 느꼈다. 그래서 그는 그 책을 서가(書架)에 올려놓고는 책상에 앉았다. 한두 통의 편지를 해독하기 위해서였다.

그런데 그 순간 너무도 놀라운 일이 일어났다. 책이 움직였고 스스로의 힘으로 책장들을 넘기기 시작했다. 그리고 책의 한가운데에서 촉촉하게 습기에 젖은 장밋빛의 혀가, 말을 하는 생명체의 혀가 서서히 나타났다. 교수는 말문이 막혔다. 자기 눈을 믿을 수가 없었다. 가득 경외심을 가지고서 그는 그 기관이 몸체를 충분한 길이로 쭉 뻗었다가 어이없게도 마치 자기에게 신호라도 보내듯이 다시 안쪽으로 말아넣는 것을 보았다. 가까이 오렴, 가까이 오렴 하고 말하는 것처럼 보였다. 교수는 마치 최면에라도 걸린 듯이 공간을 가로질러 가까이로 걸어가서, 서가 위에 있는 이 살아 있는 물체와 얼굴과 얼굴(혹은 혀와 얼굴)을 맞대었다. 무슨 행동을 하겠다는 것일까? 그는 자기 혀를 내밀었다. 쥐색의 윤기 없는 물건, 누렇고 얼룩덜룩 반점이 있는, 혀 모양의 가운데가 갈라진 비엔나 소시지를 내밀어 그 뾰족한 끝으로 책의 혀와 애정에 넘치는 키스를 나누었다.

그 이후로 그에 대한 소식은 더 이상 들려오지 않았다.

T. 코레이거선 보일

신사 양반, 그대가 아무리 안개 자욱한 세기로부터 온다 하더라도, 그 어떤 신발을 신고 내 방으로 들어왔다 하더라도, 그 어떤 눈길로써 촛불을 끄고 벽에 걸린 거울을 뿌옇게 만들었다 하더라도, 그 어떤 쉽사리 잊을 수 없는 농염하고 거들먹거리며 활짝 꽃 피어난 문장들을 가지고 나의 아침 꿈을 찾아온다 하더라도, 그대는 결코 잊어서는 안 된다. 손 댄 흔적은 결코 뒤바뀔 수 없다는 사실을.

마틴 R. 딘

아, 우리가 저 고독하고 수줍은 작가를 보면서 공감의 눈물을 쏟아서는 안 된단 말인가!!! 저 낡은 올리베티 타자기. 위대한 작가들의 특징이기도 한 세상 앞에서의 이러한 수줍음은 전례 없는 자부심에 의해서만 어렵게 극복될 수 있는 것이다. 영락없는 저 브레히트 모자. 저 바깥의 눈부신 빛은 경악스러우면서도 유혹적이다. 그러나 그가 순종적인 걸음으로 의자 쪽으로 걸어간다면 그의 기우뚱한 머리 자세에서 보이던 열정(나는 그에게 빠져 있는가? 그렇다, 나는 그에게 빠져 있다!!!)은 사라져버릴 것이다.

그러나 사람들은 어디에 있는가?

그가 현실 참여적인 작품을 창작했던 안쪽 공간에는 다만 어둠과 내면의 고독과 침잠과 사라지지 않는 비애만이 있다. 환하게 밝혀진 바깥쪽의 공간에도 인간은 보이지 않는다. 사람들은 보이지 않고 경마장의 중심 부분만 그리고 눈을 부시게 하면서 거기 바깥에 있는 것들을 숨겨버리는 조명등들의 빛을 받고 있는 저 명성(名聲)이라는 의자만 보인다. 이 세상은 하나의 중심인 그에게는 빛을 비추어주지만, 다른 사람들은 사라지게 만든다. 그는 이 의자로부터 세상을 향하여 인생에 대한 자신의 흥미로운 관찰을, 즉 인간들로부터 자유롭게 거리를 두고 있는 어두운 내면 공간으로부터의 경험을 전하는 것이다. 그는 내면의 공간으로부터 외부의 공간으로 나아간다. 그러나 이 두 공간은 〈고독〉이라는 그 어떤 것에 의해서 하나로 결합된다. 즉 그 어느 공간에서도 인간의 목소리가 그에게 말을 거는 법은 없는 것이다.

세상 — 인간이 있는 세상? 인간이 없는 세상? 그는 알지 못한다. 왜냐하면 조명등이 그의 눈을 부시게 하기 때문이다 — 을 향하여 그의 말을 전달하고 나서 그는 안락하고 어두운 내면의 공간으로 다시 되돌아간다. 아, 그는 우리의 눈물을 짜내고도 남음이 있다.

누구인가?

물론 나는 아니다.

나는 마침내 일흔 살이 되었다……
나는 보트 안에 앉아 있을 때면,
물론 그런 경험이 있다,
언제나 마음이 매우 편안했다,
심지어 노를 저을 때에도 편안했다.
그래, 나는 물 속으로 뛰어들려고 하지 않았다.
일곱 살 때에도
그리고 일흔 살 때에도
물구나무서기에 성공한 적은 없다.
내가 한번 시도해 본다고 하더라도,
물론 의심스럽긴 하다,
보트 안에서 시도할 리는 결코 없다.
보트 안에서는 안전이 중요한 것이다.
누가 그를 구해 준단 말인가,
만일 그가 물 속으로 뛰어들고,
또 나처럼 수영을 못한다면?

에른스트 얀들

시체 공시소(公示所)의 경비원은 아마도 술에 취한 듯 목을 뒤쪽으로 젖히고 턱을 늘어뜨린 채 의자에 앉아 꾸벅꾸벅 졸고 있었다. 거기에 지킬 그 무엇이라도 있단 말인가? 쌓아올린 여섯 구의 시체들이 무엇을 기다린단 말인가? 때가 늦었다. 그래서 나는 그녀의 관을 감싸 안고서 몰래 빼내었다. 그리고 숨을 죽이고 발끝으로 살금살금 걸어 경비원 곁을 지나고 천장이 낮은 복도를 지나 뒷문으로 해서 공원으로 나왔다. 거기에는 더러운 눈으로 덮여 있는 너댓 대의 자동차가 있었는데, 마치 으르렁거리면서 잠에서 깨어나기 위해 아침을 기다리는 지친 야수들 같아 보였다. 그때서야 나는 그녀가 들어 있는 관이 얼마나 무거운가를 깨달았다. 시체를 안고 온다는 긴장감 때문에 솟았던 힘이 썰물처럼 빠져나갔다. 그녀가 들어 있는 관은 엄청나게 무거웠고, 살을 에는 듯한 추위에 얼굴과 그녀를 감싸 안고 있는 나의 두 손은 고통스럽기 그지없었다. 내가 무슨 짓을 했는가, 그리고 이제 어디로 갈 것인가 하는 지금껏 생각해 보지 않았던 문제가 앞을 가로막았다. 내가 지금까지 중요하게 여겼던 유일한 것은 관 안에 들어 있는 〈그녀〉였다. 그리고 나로 하여금 그녀를 빼내 오게 만든 것은 다음과 같은 생각 때문이었다. 그들이 과학의 이름으로 그녀에게 무슨 짓을 할 것인가. 다음날 아침이면 그들은 그녀를 절개할 것이고, 턱에서부터 생식기까지 세로로 찢을 것이며, 살갗을 왼쪽으로 오른쪽으로 열어 젖힐 것이다. 우선 심장을 들어낼 것이고, 다음에는 병든 간을 그리고 또 그 무엇을 들어낼 것이다. 그리고 더 깊이 그녀의 속으로 손을 들이밀어 구멍투성이의 허파 덩어리를 만질 것이며, 위장과 오그라든 자궁을 적출해 낼 것이다. 그리고 그녀를 미끌미끌한 액체 속에 담가 놓을 것이다. 그리고 마지막으로 보고서를 작성할 것이다. 무엇에 대해서? 참을 수 없는 일이었다. 나는 우리가 서로 껴안았을 때 따뜻하게 고동치던 그녀의 백합같이 하얀 피부만 생각이 났다. 우리가 처음 만났을 때 그녀의 모습은 어떠했던가. 눈밑에는 파란 그림자가 있었다. 그녀가 〈안녕!〉 하고 말을 할 때는 두툼하게 부풀어 오른 그녀의 입술이 가볍게 열렸었다. 그리고 그녀의 목에서는 달콤하면서도 새콤한 냄새가 났다. 밤은 차가웠다. 경찰이 나를 검문할지도 모른다. 그러면 나는 도주해야 할 것이다. 오페르 강은 두 블록 떨어진 곳에 있다. 하지만 나는 그곳 강가로 내려

갈 것이다. 나는 숨을 멈추고 관을 열어 젖히고 그녀를 꺼내어 팔에 안을 것이다. 강은 아무런 이의도 제기하지 않을 것이다. 나는 그녀를 강물 속으로 미끄러져 들어가게 한 후 그녀의 뒤를 따라갈 것이다. 사랑스러운 삶처럼 서로를 껴안으면서 우리는 천천히 한밤중의 강물을 따라 굽이까지 나아가다가 거기서 남쪽으로 방향을 틀어 모든 바다 중에서 가장 검은 바다로 들어갈 것이다. 나는 더 이상은 그녀를 위해서 해줄 것이 없다. 나는 여기서 잠을 깼다. 팔은 베개를 껴안고 있었다.

나는 오늘 나의 낡은 갈색 구두를 벗어 던졌다. 나는 그것을 오랜 세월 신고 다녔으며, 그 동안 구두 바닥을 두 차례나 새로 갈았다. 그러므로 내가 그 구두에 애착을 갖는 것은 정말 당연하다. 그 구두를 구입했던 날을 나는 아직도 정확하게 기억한다. 그것은 루가노의 한 쇼윈도에 진열되어 있었는데, 그 끝 부분이 둥글게 마무리되어 있었다. 구두라면 그래야 마땅하지만 실제로 그렇게 만들어지는 경우는 거의 없다. 구두의 앞쪽이 뾰족하면 발을 상하게 마련이지만, 구두 제작자들이나 뾰족한 구두를 신는 사람들에게 아무리 그 점을 설명해도 소용이 없는 것이다. 나는 구두 가게에 들어섰다. 그날 따라 지금까지 늘 나를 궁지로 몰았던 그런 불쾌한 상황과 금방 마주치지는 않았다. 무슨 말인고 하니 여점원 아가씨들은 너무 많은 구두들을 신어보게 해서 결국에는 내가 제대로 된 신발을 발견하지 못하게 되는 일이 허다했기 때문이었다. 나는 그 구두를 신어보았는데, 정말 발에 꼭 맞았다. 유일한 망설임은 한 켤레를 사느냐 아니면 두 켤레를 사느냐 하는 것이었다. 왜냐하면 두 켤레를 사는 경우 나의 남은 인생에 있어서 구두와 관련된 문제만큼은 어느 정도 해결될 것이라는 생각이 들었기 때문이었다. 결국 나는 한 켤레만을 샀다. 왜냐하면 나의 미래를 그런 식으로 완전히 고정시키고 싶지는 않았기 때문이었다. 「상자를 드릴까요, 아니면 봉지를 드릴까요?」라고 여점원이 물었다. 아주 세련된 표현이었으므로 나는 그녀에게 학력이 어떻게 되는지를 물었다. 쇼윈도 너머로는 광장이 보였고, 그 끝에는 호수가 반짝이고 있었다. 그리고 내가 일과를 마친 후에 들르는 몇 개의 노점들이 보였다.

나는 그 구두를 내버려야만 했다. 나는 방문을 닫고 그 구두 곁에서 잠시동안 혼자 있으면서 침묵에 잠겼다. 러시아인들이 여행을 떠나기 전에 그렇게 하는 것처럼. 나는 마음속으로 몇 마디 이별의 말을 했다. 사랑하는 구두여, 정말 고맙다, 그 오랜 세월 동안 내내 편안하게 걷도록 해주었으니. 나는 네가 더 좋은 세상에서 다른 나이 든 퇴직한 친구들과 함께 아름다운 신발장 안에 나란히 놓이게 되리라는 것을 알고 있다. 이따금 너를 방문하여 너를 솔질하고 잠시 신어보기도 하면서 우리가 함께 보냈던 날들을 생각해 보았으면 하고 나는 바란다. 하지만 그런 일은 불가능하단다. 나는 너를 쓰레기통에 던져넣어야 한다. 이 가련한 세상의 규칙은 그것을 원한단다. 용서해 다오.

알도 부치

알도 부치

켈스터바흐의 시인

19 96년 남부 헤센 주의 켈스터바흐에서 기이한 사건이 일어났다. 켈스터바흐 음성 문학회의 가장 유명한 대표자는 오감(五感) 대신에 다섯 개의 스위치 레버를 갖추고 있었는데, 그 기계 부품들이 어느 날 전자 칩으로 교환되었던 것이다. 그 결과 정교한 딸랑이와 밸브와 시한 신관(時限 信管)의 도움을 받아 마찰음과 폐쇄음과 파열음의 기능을 만족스럽게 수행하던 능력이 상실되고 말았다. 그리고 아울러 이 기계적인 언어 예술을 더 높이 평가하던 팬들도 함께 잃고 말았다.

펀치로 찍은 종이를 토해 내던 이 생명이 없는 길쭉하게 째진 틈새는 다행스럽게도 미용 수술 덕분에 생명이 있는 입으로 되돌아왔다. 그러나 이 입에서 이빨과 혀와 구개(口蓋)의 역할을 하던 딸랑이와 밸브와 시한 신관을 찾아보려 해도 헛일이었다. 그리하여 물리적인 기계 인간으로부터 전자 장치의 인간이 탄생한 것이다. 이 장치는 그 어떤 기계적인 특성도 기관적인 특성도 가지고 있지 않았다. 그것은 셔츠와 상의를 입고, 콧수염과 구렛나루와 턱수염을 가지고 있었으며 오래 전에 사라져버린 이야기꾼과 머리카락 한 올까지 닮아 있었다. 이 이야기꾼은 펼친 책을 손에 들고 눈을 감은 채 입에서 단어들을 끄집어내었으며 이러한 품위 있는 방식으로 켈스터바흐 음성 문학회의 행사를 진행하였다. 마치 음성 문학회가 이 세상의 아주 당연한 존재이기나 한 듯이.

인간의 얼굴 배후에 기계가 숨어 있을 수는 없는 일이라고 어떻게 장담하겠는가?

카드리유

그녀의 가슴은 너무도 풍만했기 때문에 우리들 중의 그 누구도 그녀의 그림처럼 아름다운 얼굴을 기억해 내지 못했다. 그녀가 춤을 출 때면 남자 파트너가 그녀 앞에 무릎을 꿇고 앉아서 그녀의 복부에 손을 갖다 대었다. 그때 그녀는 처음으로 고통을 느꼈었다. 그리고 그 고통은 12년이나 지속되었다. 보통은 약하다가 때로는 좀더 강하게 느껴지긴 했지만 대개는 무시할 수 있을 정도의 고통이었다. 하지만 어느 날 밤 마치 찌르는 듯한 고통이 찾아왔다. 제정신을 잃은 듯이 그녀는 우선 읽고 있던 책을 내던졌고, 다음에는 고통을 누르려고 사용해 보았던 베개를 내팽개쳤다. 그리고 침대에서 빠져나와 완전히 정신을 잃은 채 의사에게로 달려갔다. 검진을 맡은 의사가 그녀의 복부에 X선을 비추어보니 그 속에 열두 살 먹은 소녀의 완전하게 다 자란 자그마한 해골이 보였다.

아버지가 누구였는지 알아내기 위해 그녀는 기억을 더듬고 또 더듬어야 했다.

나는 수도꼭지를 틀어 잠그는 것을 잊어버렸다. 왜 나는 그 순간에 자신이 지은 죄가 아니라 수도꼭지를 생각해야 했던가? 아마도 자신의 죄를 숨기기 위해서였으리라. 왜냐하면 나는 책을 무자비하게 훼손한 누군가가 나의 생각마저도 읽어 내려 한다는 것을 즉시에 알아차렸기 때문이었다. 그는 나에게 불안을 불러일으키려고 했고, 그리하여 내가 나의 비밀스런 생각을 머리 밖으로 내보내기를 바랐다. 하지만 나는 자제심을 발휘하였다. 만일 내가 그러한 비밀스런 생각에 빠져든다면, 그가 그 생각을 알아차리게 될 것이기 때문이다. 그러므로 나는 나의 놀라움과 불안 이외에 그 어떤 암시도 더 이상 주어서는 안 된다! 어쨌든 그의 행동에는 그 어떤 아마추어적이며 엉성한 솜씨가 엿보인다. 영화 속의 배우처럼 그는 가위를 사용하였고 또 그 책을 가지런하게 잘 놓아두었는데, 그 이유는 내가 집안으로 들어설 때 공포심에 사로잡히도록 하기 위해서이다. 물론 나는 경악을 금치 못했다. 하지만 그 순간 나에게는 집의 수도꼭지가 열려 있다는 생각이 떠올랐다. 졸졸 흐르는 실개천처럼 물이 새고 있을 것이다. 다른 모든 것은 결국 염려의 대상이 아니며, 근심할 필요도 없는 것이다. 왜냐하면 나의 책들 속에 나는 자신의 비밀스런 생각이 아니라 자신의 마음*을 넣어놓았기 때문이다.

---

* 생각이야 공개되고 나면 그 내용에 따라 다른 사람이 임의로 선악의 기준을 적용하여 칭찬을 하든 비판을 하든 할 수 있겠지만, 마음은 그 어떤 영혼의 움직임이므로 그것에 대해서는 타인이 간섭할 수가 없는 것이다. 작가는 이 점을 말하려는 것 같다.

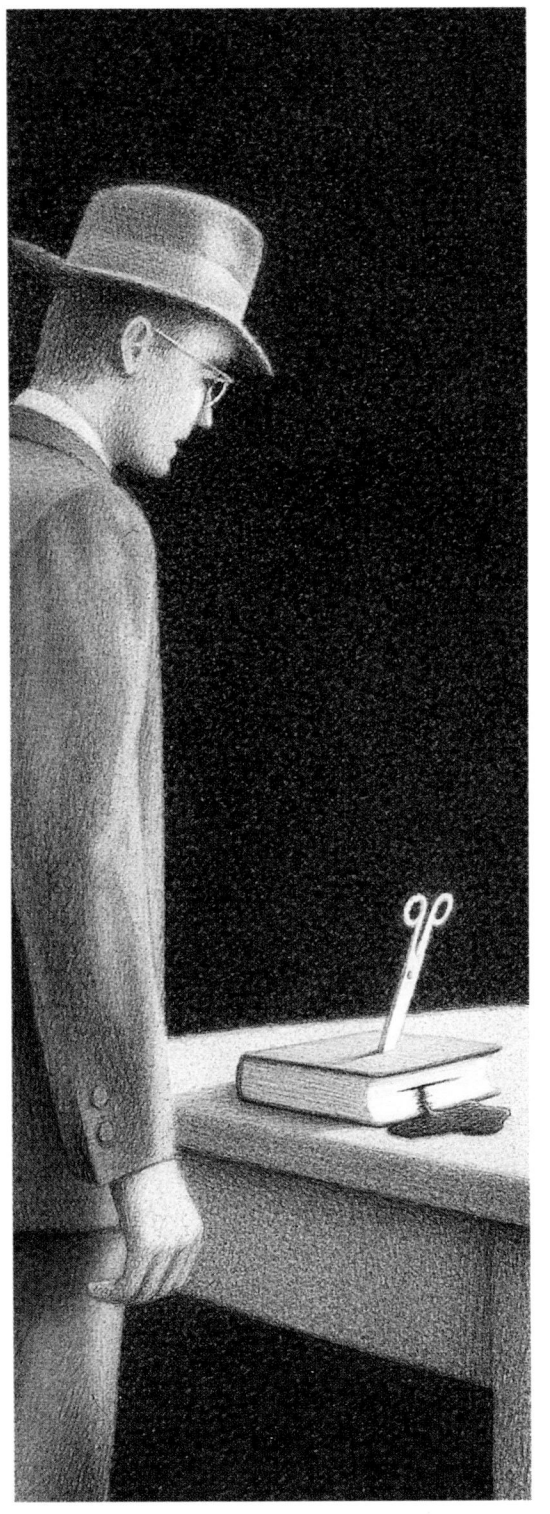

스몰러 Smaller 씨는 43쪽과 44쪽 사이에서 정말이지 너무 꼭 조여 있다고 느꼈다. 그는 자신이 숭고한 느낌을 가슴에 품고 있음을 의식했다. 그는 작가와 함께 이야기하려고 애를 썼으며, 심지어는 작가를 향하여 자기가 작품에 참여하는 주인공 역할을 맡겠노라고 선언하기까지 했다. 그리고 그 단어를 프랑스어로 말했다. 왜냐하면 그에게는 〈앙가쥬〉라는 단어가 더 적절하게 보였던 것이다. 작가는 그를 불신의 눈길로 쳐다보면서 물었다. 「어떤 관점에서의 앙가쥬란 말이오?」 그러자 스몰러 씨가 겸손하게 대답했다. 「정치적 참여 말이지요, 그게 어려운 것입니다」 대답을 들은 작가가 입을 비죽이며 선언했다. 「그건 이제 더 이상 유행이 아니지요. 당신은 43쪽에 서 있도록 하시오. 그리고 주인공에게, 형이상학적으로 말하자면 절망에 빠진 인간에게, 진정한 신(新)-신(新)-신(新) 낭만주의자에게 담배나 한 대 권하도록 하시오」

그리하여 스몰러 씨는 43쪽에 갇혀 있게 되었다. 식자공은 곧바로 그의 이름을 S-m-a-l-l-e-r 라고 만들어 넣었다. 그러고는 맥주를 마시러 갔다. 스몰러 씨는 그 틈을 이용하였다. 그는 S 활자를 빼버렸다. 그것을 코라고 생각하면서. 그리고 M자를 빼버렸다. 그것을 이마라고 여기면서. A자도 빼버렸다. 그것을 입이라고 생각하면서. 두 개의 L자도 빼버렸다. 그것을 두 팔이라고 생각하면서. E자와 R자도 두 다리라고 생각하면서 빼버렸다. 그리고 두 작은 다리로 그곳으로부터 도망을 쳤다. 작가에게는 다음과 같은 말을 남겼다. 「나는 다른 소설을 찾으러 갑니다. 안녕히 계십시오. 당신의 형이상학에도 행운이 있기를」

말하자면 창문 바로 앞에 바다가 있다. 거대한 고래가 보인다. 그 고래의 입 안쪽에 자그마한 사나이가 아무런 걱정도 없이 앉아 있다. 수평선에는 한 척의 배가 달리고 있고, 그 배 위에서는 한쪽 팔이 철제 의수(義手)인 애꾸눈 선장이 지휘를 한다. 그것은 해적선이다. 그 배는 작은 섬을 향하여 나아간다. 그 섬에는 모든 동물들의 말을 이해하는 한 남자가 살고 있다. 오리 한 마리가 그의 살림을 꾸려나가는데, 그것은 정말이다. 그리고 그밖의 것들도 있다. 섬에는 또 한 명의 소목장이도 살고 있다. 고독과 자만심에 사로잡힌 그는 소나무 둥치로부터 꼬마 소년을 조각하였다. 그러나 그 소년은 그에게 거의 아무런 기쁨도 주지 못한다. 왜냐하면 그 소년은 터무니없는 거짓말을 일삼기 때문이다. 그리고 그가 거짓말을 할 때마다 그의 코가 자라난다. 바로 지금 그는 예외적으로 거짓말을 하지 않고 나무 아래서 자고 있다. 그 뿌리들 사이에서 토끼 한 마리가 회중 시계를 가지고 이리저리 돌아다니며 소리를 지른다. 「나는 너무 늦게 왔군! 나는 너무 늦게 왔군!」 하늘에는 한 무리의 기러기들이 보인다. 그리고 맨 앞에 있는 기러기의 깃털 속에는 새끼 한 마리가 달라붙은 채로 겁도 없이 바다를 함께 건너간다. 기러기떼는 거의 달에까지 날아갈 기세다. 창백한 얼굴의 달은 구름 사이에서 사라졌다 나타났다 하고 있다. 그리고 그 달에는 또 다른 꼬마 소년이 바퀴 달린 침대를 타고 이리저리 굴러다니고 있다. 집 바로 앞, 그러니까 해변에서는 15마리의 우아하게 차려 입은 펭귄들이 행진을 하면서 노래를 부른다. 「아침 이슬을 맞으며 우리는 산으로 가네, 랄라라!」 그러나 산은 아주 멀리 저 뒤쪽의 배경에서 보인다. 그리고 실눈을 하고 보면 산꼭대기 저 높은 곳에서 하이디와 가이센페터가 서서 요들송을 부르고 있는 것을 볼 수 있다.

　엘케 하이덴라이히가 크빈트 부흐홀츠의 그림을 보고 위와 같이 상상하였다. 나는 여기에서 어린 소녀들이 책을 가진다는 것이 왜 중요한가를 보여주고 있다.

조르주 심농의 마지막 날

20세기의 소설가들 중에서 가장 생산적인 한 작가의 젊은 시절은 그가 당시에 몸소 해보았던 실험에 의해 지울 수 없는 영향을 받았다.

그는 작가가 되려고 했고, 그것도 전문가가 되려고 했다. 그리고 인기를 얻으려고 했다. 1922년 어느 날 그는 고향 도시인 뤼티히의 아주 커다란 맥주 레스토랑에서 유리 상자 안에 자신을 가두었다. 거기에서 그는 자신의 다음 소설을 쓰겠다는 것이었다. 유쾌하게들 웃으면서, 한 손에는 맥주 잔을 다른 손에는 시가를 든 고향 사람들이 작가가 글을 쓰는 광경을 보려고 모여들었다. 유리창을 통해서 사람들은 작가에게 조언을 했고 격려의 농담을 보내기도 했다.

이제 그는 인생의 다른 쪽 끝에 와 있다. 그리고 새삼스럽게 사진의 원판을 보는 것 같은 기분으로 자신을 스무 살 때의 그 첫번째 실험 속에다 위치시켜 놓고 바라본다. 웃음과 소란과 담배 연기로 가득한 뤼티히 맥주 레스토랑의 광경은 어느 새 사라지고 대신에 순수하고 고독하며 차가운 설경(雪景)이 나타난다. 그는 천천히 걸어가고 있다. 그의 발자국은 눈으로 덮인 하얀 종이 같은 땅 위에 선명하게 찍히는데, 이것은 그의 잘 알려진 소설들 중의 하나인『눈은 더러웠다』를 분명하게 암시하고 있다. 그러나 이 발자국은 종이의 흰색을 더럽히는 글을 암시하는 상징이기도 한 것이다.

그는 피난 오두막으로 간다. 낡고 부식되고 사방으로 바람이 통하는 오두막이다. 거기에는 탁자 하나와 의자 하나, 사용되지 않은 한 묶음의 백지, 그리고 —오, 이 역설! — 꽃병 하나가 그를 기다리고 있다. 그리고 이제 앉아서, 장갑을 벗고 작가의 일을 하라고 요구하는 것이다. 판자 벽 뒤쪽에는 급사가 쟁반 위에 높다랗게 책의 기둥을 쌓아서 들고 온다.

몸이 굳어 꼼짝도 않고 넋을 놓은 채 그는 자기 앞에 놓인 이 현기증 나는 덫을 바라본다.

나는 죽었단 말인가? 그가 자신에게 물어본다. 저것은 지옥이 아닌가?

미셸 투르니에

다시 전쟁이 시작되고 사람들은 이따금 라디오에 귀를 기울인다. 스피커에서는 서로 뒤섞이고 얽힌 채로 다양한 신호음들과 다양한 인간의 목소리들이 여러 나라 말로 솟아져 나온다. 그러므로 볼륨을 아주 나지막하게 낮추고 머리를 라디오에 바싹 갖다 대어야만 한다. 그렇지 않으면 이웃에 그 소리가 들리게 될 것이다. 그리고 그렇게 라디오를 듣는다는 사실이 드러나면, 그는 아마도 적대국 방송의 불법 청취자로 고발을 당할 것이다. 고발을 당하면 체포되고, 체포되고 나면 고문을 당하면서 처형될 것이다.

그러나 프리돌린 씨는 라디오를 듣는 것이 아니라 서가 저 높은 곳에 있는 책들에 귀를 기울인다. 그는 그 책들로부터 어떠한 음향도 어떠한 목소리도 듣지 않고 오직 침묵만을 듣는다. 그러나 이 침묵은 인간들 사이의 상호소통 결핍에 대한 그의 거부에 상응하는 것이다. 인간들은 서로 욕설을 퍼붓고 죄를 뒤집어씌우는 일에만 야단법석이며, 상호 이해에 대해서는 침묵한다. 그러나 이 책들, 이 커다랗고 두꺼운 이해의 서고(書庫)는 그 완벽한 침묵에 의해 인간의 거부하는 정신을 가장 충실하게 표현하고 있다, 라고 프리돌린 씨는 느낀다.

나는 집에 있으면서 책을 썼다. 예정된 쪽수의 중간을 간신히 넘긴 후였다. 내가 쓰고 있는 것에 대해 흡족해지는, 정말로 마음에 들기 시작하는 순간이었다…… 그리고 그때부터는 또한 책을 쓰기가 더 쉬워지지는 않는 그런 순간이었다. 그때 나는 싫증이 났다. 잠이 왔다. 내 소설의 여주인공이 방금 조끼를 입었다. 그녀는 나의 기력을 소진시켰다. 나는 눕고 싶었다. 그러나 다른 방에 있는 침대나 소파에 눕고 싶지는 않았다. 그리고 책을 떠나고 싶지도 않았다. 그래 여하간 잠깐만 눈을 붙이고 싶은 것이다. 글을 쓴다는 것은 날아다니는 것. 지금 내 마음속의 간절한 느낌은 내가 드러눕기를 바라고 있다. 기분 좋은 피로감으로 바닥에 누워 있으려면 나에게는 책이 필요하다. 나는 맑은 달과 은빛 공기 아래 무성한 잔디밭에 누워 있다. 그리고 (중간 부분을 간신히 지난) 책이 내 몸을 덮고 있다. 그러므로 전화나 팩스의 사정거리 바깥에 있는 셈이다. 그리고 다른 책들, 다른 작가들에 의해 쓰어진 많은 책들로부터 저 멀리 떨어져 있다. 내가 경탄해 마지않는 책들, 너를 텔레비전이라는 괴물로부터 지켜주는 책들로부터…… 독자 여러분이 보듯이 나는 모든 것으로부터 떠나 있다. 심지어는 나를 덮고 있는 책으로부터도. 위에는 책이 있고, 아래에는 땅이 있다. 내가 나의 책에 대해 무슨 꿈을 꾼다 할지라도 다시 깨어난 후에 그것을 거의 기억하지 못하리라. 나는 대지의 심장박동에 귀를 기울이고 있는 것이다.

수전 손택

그는 이웃 사람들, 동료들, 자신의 아이들, 애인, 아내에 의한 저 끊임없는 감시가 고통스러웠다. 「어디 있었니? 어디 가니? 왜 이것은 하고 저것은 하지 않니? 대답해 봐! 왜 아무 말도 안하는 거야? 무얼 생각하는 거지? 이 순간 무얼 생각하는 거야, 말해!」

어느 날 그는 문을 걸어 잠갔다. 사람들이 문을 두드렸다. 그는 침묵했다. 그러자 사람들이 창문을 통해 그를 들여다보았다. 그가 커튼을 쳤다. 그러자 사람들이 문에 구멍을 뚫었다. 그는 자신을 관찰하는 눈을 보았다.

다음날 아침 다섯시에 그는 모자를 쓰고 몇 권의 책과 우산을 집어들었다. 서른세 시간을 걸어간 후에 그는 텅 비어 있고 전망이 툭 트인 곳에 자리를 잡았다. 사람이라고는 아무도 없었다. 그는 영원히 그곳에 있겠다고 결심했다. 우선 그는 책을 읽으면서 시간을 보내려고 했다. 혼자 있을 수 있다는 것은 정말 완벽한 행복이었으므로 그는 그러한 행복을 순수한 상태로 즐기고 싶었다. 그리하여 그는 신기하게도 저절로 채워지는 잔으로 이따금 한 모금의 커피를 마시는 이외에는 아무것도 하지 않았다.

그러나 유감스럽게도 한 화가가 그를 발견하였다. 그 화가는 망원경을 통하여 그 남자를 오래 관찰한 후 그를 그림으로 그렸다. 뒤쪽에서, 음흉하게, 마치 살인자처럼! 사진사의 더러운 놀이에 탐닉하는 화가들에게 재앙 있어라! 한 고독한 남자가 택한 도주를 욕되게 하는 저 자들을 처형하고 거세시켜 버려라!

여러분 모두에게 간청하는 바이다. 저 밀정의 그림이 눈에 띄는 즉시 그 자리에서 없애주시기를. 요컨대 그 남자가 그 그림을 보는 일만은 절대로 없어야 하기 때문이다! 그 그림을 보자마자 그 남자의 행복은 부수어질 것이다. 그리고 이후에 그 남자가 어떻게 될지는 나는 모른다, 정말 모른다!

마지막 안건(案件)

　　나는 그때 장로회의를 확실하게 이끌기 위해 최선을 다했다. 다름 아니라 요하네스 욥스가 토의의 마지막 안건으로 다음과 같은 질문을 제기하였던 것이다. 「여러분들 중에 누구라도 천사를 본 적이 있나요?」 나는 그 순간 동료 장로들의 얼굴이 당혹감에 일그러지는 것을 보았다. 나는 「이것으로 회의를 마칩니다」라고 말하며 참나무 탁자를 요란하게 두들기는 수밖에 다른 도리가 없었다.

　　요하네스 욥스는 모자를 쓰고 자기의 서류 가방을 들었다. 그러고는 성큼성큼 회의실을 떠났다. 「그는 미쳤어. 뒤따라 가보아야 해!」 하며 서기가 큰소리

이다 포스

로 말했다. 나는 지름길로 해서 집으로 갈지 아니면 좀더 멀기는 하지만 모래 언덕길로 해서 갈지 망설였다. 그 어떤 내면의 목소리가 나로 하여금 바닷가 길로 가도록 명령을 했다. 교회의 동료 장로들도 선뜻 같은 선택을 했다. 욥스와 서기는 우리들 앞에서 가고 있었다. 「하지만 사실이야. 그들은 존재해」(욥스의 흥분에 찬 목소리) 「이리 와요, 내가 집까지 데려다 줄 테니. 화주(火酒) 한 잔 주욱 마시면 다시 괜찮아질 거요」(서기의 편안하고 낮은 목소리) 나는 뒤를 돌아보았다. 누군가가 내 뒤를 따라온다는 느낌이 들었지만 확신이 서지는 않았다. 그 순간 단 몇 초에 지나지 않지만 나는 믿을 수 없으리만큼 푸른 눈을 보았다. 내가 지금까지 본 것들 중에서 가장 아름다운 눈이었다. 그 푸른 눈…… 바람에 날리는 금발 머리. 지금에서야 나는 그 날 오후에 바람이 잔잔했다는 사실을 깨닫는다. 하지만 그녀가 내 곁을 지나갈 때 내가 서늘한 바람을 느꼈다는 것은 분명하다. 그녀는 나와 마찬가지로 동료 장로들 곁으로도 지나갔다. 나는 그녀가 모래 언덕 길에 무엇인가를 떨어뜨리는 것을 보았다. 요하네스 욥스와 서기는 몸을 굽혀서 그 물건을 유심히 살폈다. 나는 그들 곁으로 갔다. 길에 떨어져 있는 책의 제목은 〈하늘 소식〉이었다. 그리고 작은 금박 활자로 〈천사들이 인간에게 보내는 소식〉이라고 씌어져 있었다.

서기가 엄숙한 태도로 모자를 벗었다.

요하네스 욥스는 하늘을 향해 손을 들고는 중얼거렸다.

「고맙습니다, 하느님, 고마워요」

최후의 일격

그는 교수이다. 아마도 C4 대학 소속일 것이다. 나는 계급이나 서열 같은 것을 조금도 내세울 수가 없으므로 그만큼 더 교수가 아닌 것이다. 교수는 계급의 살아 있는 대변자이다. 그리고 독일의 교수는 이 세상의 모든 교수들 중에서 가장 훌륭한 양심을 가지고 있다. 왜냐하면 그는 자기 정당화의 기회가 주어지면 언제나 발벗고 참여하여 잘 해내기 때문이다. 말하자면 독일의 교수들은 언제나 더 나은 인간인 것이다. 빌헬름 시대의 교수와 나치 시대의 교수 그리고 68년 이후의 교수들은 정당화의 정도에 있어서 서로 다르게 느낀다. 그러나 사실은 전혀 그렇지 않다. 모두 그 전임자들을 쏙 빼 닮았을 뿐만 아니라 완전히 그 유산을 이어받고 있는 것이다. 그리고 한 가지 사실만은 확실히 말해 두고 싶다. 교수들의 그 모든 나쁜 점은 기꺼이 교수가 되려고 하거나 곧 교수가 될 사람들의 경우에 더욱 악화되어 나타난다는 점이다.

나는 이러한 잘 알려진 사실을 다시 한번 더 공표해야 한다고 생각했다. 왜냐하면 널리 알려진 사실보다 더 빨리 잊혀지는 것도 없기 때문이다. 그러므로 나는 교수가 나에게 가한 최후의 일격에 대해 말하고자 하는 것이다. 뉘른베르크와 라이프치히 사이, 뉘른베르크보다는 라이프치히에 훨씬 가까운 곳,— 그러니까 평원지대이다— 한 폐쇄된 지방 역의 플랫폼에 기차가 멈추어 섰다. 우리는 그 동안 다시 자연으로 귀속된 플랫폼 위에서 이리저리 거닐 수 있었다. 나는 그 기차의 마지막 차칸을 지나서 산보를 했다. 하지만 매분마다 두 번씩 뒤돌아보았다. 왜냐하면 출발 시간에 늦으면 안 되기 때문이었다. 다시 발걸음을 돌렸을 때 나는 나에게 최후의 일격을 가한 교수를 보았다. 이번에는 운전기사의 복장이었다. 나는 물론 그가 어떻게 변장을 하고 있더라도 알아볼 수가 있다.

그는 마지막 차칸을 향해 걸어가고 있었다. 그는 한 무더기의 쌓아올린 책들을 가지고 곡예를 하고 있었는데, 그 몸놀림으로 보아 그가 너무 많은 책들을 운반하고 있으며, 그 책들이 너무 무겁고 너무 두껍다는 것은 분명했다. 그런데 그 책들은 내가 쓴 것이었다. 그 전부가. 모든 책들이 내가 쓴 것이었지만, 그는 책들을 가능한 한 더 높게 상상키 어려운 높이로 쌓아올리기 위해, 예컨대 포켓판과 독서클럽용 책과 같은 것들을 그 속에 섞어놓았다. 그의 일격의 핵심은 물론 그가 운전기사 복장으로 등장한 것이었다. 만일 그가 교수의 복장

마르틴 발저

마르틴 발저

으로 무거운 책들을 운반하며 곡예를 부린다면, 아무도 그를 쳐다보지 않을 것이다. 교수, 그리고 그가 운반할 수 있는 것보다 더 많은 책, ─그것은 일 상사에 지나지 않기 때문이다. 그러나 그는 운전기사로 나타나서 자기가 쓸 수 없었던 책들을 나르고 있는 것이다. 나는 불안하게 그의 뒤를 따라간다. 내가 불안해하는 것은 내 책들이 즉시에 진창으로 처박힐 수도 있기 때문이다. 나는 저자이고, 그 사실은 누구나 알고 있다. 내가 저자라는 것은, 내가 쓴 책들이 없으면 견디지 못해하는 사람들이라면 또한 아는 사실이다. 그런데 지금 저 운전기사가 그의 책들을 한 지방 역으로 나르고 있지 않은가. 그리고 그 기차는 그 때문에 특별히 그 역에 정차하고 있는 것이다. 나는 그 교수가 나의 좌석 입구에서 기다리고 있는 텔레비전 촬영팀으로 하여금 우스꽝스러운 장면을 찍도록 주문해 놓았음을 확신한다. 그리고 그 장면은 물론 그 교수의 촌평과 함께 밤에 텔레비전에 방영될 것이다. 나의 무기는 언제나 도주하는 것이다. 들판을 가로질러서 나는 도주했다. 나중에 완행 열차를 타고 목적지에 도착하기 위해서였다. 물론 그것도 교수분께서 양해해 주셔야 가능한 일이겠지만.

책 - 친구이자 적

나는 대학생 시절에 처음으로 구입했던 책들을 기억하고 있다. 나는 그것들을 작은 선반 위에 올려놓고는 하루에도 몇 번씩 사랑스러운 눈길로 바라보았다. 자기 책들을 갖는다는 것은 정말이지 감격적인 느낌이었다. 그리고 시간이 지나면서 책들은 점점 늘어났다. 그래서 나는 선반 대신에 작은 책장을 마련했다. 책장은 곧 둘이 되었고, 셋이 되는가 했더니 마침내 열이 되었다. 하지만 그 전체는 체계적으로 배열되어 있었다. 그래서 언제든 필요한 책을 단번에 찾을 수 있었다. 그리고 나서 나는 책장들을 버리고 서가(書架)로 교체해야 했다. 서가는 나의 작업실의 네 벽면 중에서 세 벽면을 차지하였다. 나는 체계를 바꾸어야 했다. 그 이후로 나는 내가 가지고 있다는 것을 아는 책을 찾느라고 한참 동안이나 시간을 허비하는 일이 잦아졌다. 그 이유는 그 책이 내가 짐작하지 못하는 장소에 놓여 있거나, 아니면—이 경우가 더 자주 있는 일이다—누군가가 훔쳐갔기 때문이다.

오랫동안 나는 예외적인 경우에만 공공 도서관을 방문해야 할 정도로 많은 책들을 구비해 놓은 그런 도서관을 가지는 것을 상상해 왔다. 물론 천문학의 영역에서 나의 아마추어적인 호기심을 충족시킨다든지 아니면 낱말 맞추기 퍼즐을 풀기 위해 필요한 책까지 구비한 그런 정도의 도서관까지 바란 것은 아니다. 하지만 최근에 들어서 나는 더 많은 책들을 가지게 될 것이라는 생각에 이따금 몸서리가 쳐졌다. 그 책들을 위한 자리를 더 이상 마련할 수 없음을 나는

이반 클리마

알고 있다. 나의 작업실의 구석구석에 그리고 나의 책상 위에도 책들이 아무런 체계도 없이 쌓여 가고 있는 것이다. 나는 다시는 보게 되지 않을 것임이 분명한 책들을 선사하거나 파는 식으로 정리 작업을 이미 몇 차례 시도했다. 이해가 가는 일이지만 그러고 나자 흥미로운 현상들이 벌어졌다. 얼마 지나지 않아서 갑자기 바로 그 책들을 애타게 찾게 되는 것이었다. 나는 벗어날 수 없다는 것을 깨달았다. 그리하여 내가 사랑하는 책들이 차츰차츰 나를 집밖으로 몰아내는 것을 함께 바라보는 것 말고는 별다른 도리가 없게 되었다.

　이러한 곤경은 책이라든지 다른 모든 사물들의 경우에 있어서도 피할 도리가 없는 것이다. 감당할 수 있는 숫자와 통제할 수 있는 범위를 넘어선다면 말이다. 그것들이 거리의 자동차들이든, 신발장의 신발이든 아니면 하늘의 별이든 마찬가지이다. 그것들은 우리가 사랑스러운 눈길로 쳐다보는 친구에서 우리를 자기들 사이에 파묻어 버리는 적으로 변하는 것이다.

세 남자가 나에게 호숫가로 나오라고 손짓을 했다. 그들은 곤경에 처해 있는 것 같았다. 나는 거룻배를 돌려 호숫가로 갔다. 하지만 거기에서 세 남자가 나의 보트를 강제로 빼앗고는 호숫가를 떠나 호수 가운데로 들어갔다. 그들은 서로 머리를 맞대고서 나의 소유물을 분배했다. 나는 호숫가에서 왔다 갔다하면서 나의 소유물을 되찾을 궁리를 했다. 그때 커다랗고 번쩍이는 고기 한 마리가 수면을 뚫고 나와 공중 높이 뛰어올랐다가 보트 속으로 떨어졌다. 남자들 중의 하나가 그 고기를 움켜쥐고 노 젓는 사람의 좌석에다가 세게 내리쳤다. 하지만 고기는 그 남자가 기진맥진해졌을 때도 아직 꿈틀거리면서 뛰어올랐다. 그래서 두번째 남자가 나서서 고기를 발로 짓밟았다. 그러나 너무 격렬하게 밟았기 때문에 보트의 아래쪽 선체가 부서졌다. 그 순간 거룻배 속에는 물이 차들어 왔고, 아직도 팔팔한 고기는 갑판 위로 헤엄쳐 달아났다. 서 있던 바닥이 무너져 내리자 세 남자는 물 속으로 빠졌다. 나는 호수로 뛰어들어, 도둑들을 향하여 헤엄쳤다. 그들은 외투가 완전히 젖어 물위에 떠 있기조차 힘들었다. 나는 수면에 힘차게 가슴을 부딪치고 팔을 거침없이 저으면서 물결을 헤쳐나갔고, 짐이 없어 간신히 수면 위에 떠 있는 거룻배에 닿았다. 그리고 가라앉기 전에 그 배를 구해 내었다.

구름

연이어 날카롭게 부르짖는 소리! 구조 금지! 즉시에 비유를 보는 자에게 화 있어라! 하나의 거위 알을 콜럼버스로부터 일단 보호하라!

하지만 이 아름다운 그림의 세 가지 형상들—a) 수평선, b) 주춧대 앞의 어둡게 보이는 작은 남자, c) 위로 펴진 당당한 모양의 우산—은 비유에 대해서 아무것도 모른다.

수평선은 자기 자신을 보지 않는다.

작은 남자는 종이—희미한 녹청이 종이 위에 때로는 진하게 때로는 희미하게 번져 있다—에 완전히 얼굴을 파묻고 있다. 눈은 아무런 주목의 대상도 아니다.

놀라울 정도로 당당하게 펼쳐진 우산은 다음과 같은 기능을 한다. 우선 구름—그 그림자가 다가오고 있다—을 눈에 띄지 않게 하고 있다. 그 다음에는 왕후 묘의 주춧대를 눈에 띄지 않게 한다. 사실은 이 주춧대가 있음으로 해서 우산이 구성상의 삼각형의 상부를 차지하고 있을 수 있다. 그리고 우산이 그렇게 압도적인 인상을 주고 있기 때문에 그 어떤 공공연한 유사성, 즉 레닌이라든지 오딘이라든지 아니면 자유의 동상들과의 유사성이 전혀 눈에 띄지 않게 되는 것이다. 그 이외에도 주목할 만한 다른 점들이 많다.

보다시피 주연 배우들은 그림 상에 전혀 나타나 있지 않다.

그렇다, 주춧대 앞의 (영혼으로 베케트를 찾고 있는) 작은 남자는 서 있으면서 지팡이를 짚고 있다. 그리고 이 지팡이가 하나의 이음매 역할을 하고 있다.

주춧대 위에서 제일 높은 곳에 있는 것, 즉 피뢰침이자 햇불은 〈그저〉 거기에 위치하고 있으면서, 일상적인 관찰 방식(그렇다, 아직 비도 내리지 않고 있다)을 거부하고 있다. 활짝 펼쳐진 우산을 들고 있는 사나이는 언제든지 미끄러지든가 기울어질 수 있는 불안정한 토대 위에 있다.

그러므로 우산은 그림 속에 찔린 듯이 고정되어 있다.

세 마리의 갈매기는 모두 히치콕 같은 분위기를 풍긴다. 살짝 그려져 있지만 쇠된 소리를 지르고 있다.

그리고 그 어딘가 수평선 전체에 적용되는 파우스트 원리가 있다. 수평선은 눈높이에서 벗어날 수가 없다—이것을 발견하는 사람은 그림을 떠나도 좋다.

오스카 파스티오르

조명등 아래에서

처음에 작가는 루터에 빗대어 「여기에 루터가 서 있다. 그는 달리 될 수가 없다!」 정도로 적당히 재담을 함으로써 그림 해석의 의무에서 벗어나려고 했다. 그러나 가만히 생각해 보니, 이 정도로 그치면 모든 저자들에게 있는 과시적인 욕구를 지나치게 제한하는 것이 아닌가 하는 느낌이 들었다. 결국 작가라는 존재는 〈눈요기〉라는 개념의 범주를 넘어서는 그 이상의 것을 제시해야 한다고 생각한다.

작가가 스스로를 벌거벗기는 것은 — 저 명료한 상징을 보라 — 공공연하게 일어날 뿐만 아니라 언제나 지속적으로 일어나는 일이다. 비록 그가 몸소 자신을 드러내지 않고 책을 통하여 세세하게 자신을 대변한다 할지라도 말이다. 그러나 작가는 공원이라든지 외진 장소에서 동정을 살 만큼 흉한 짓을 하는 〈보통의 과시주의자〉들과도 공통점이 있다. 즉 작가에게도 그들과 꼭 마찬가지로 수치심이란 것이 결여되어 있는 것이다. 그는 자신의 가장 깊은 내면을 바깥으로 드러낸다. 그는 자신의 가장 비밀스러운 부분을, 자신의 영혼을, 대개는 가엾기조차 한 것을, 그리고 말도 되지 않는 부조리한 것을 보여준다. 자기 자신이나 잠재적인 독자에 대한 고려도 없이 그는 자기가 가진 것을 모조리 풀어놓는다. 아무 거침도 없이 그는 피가 흐르는 상처와 추한 상처 자국을 드러낸다. 그 어떤 도착증세도 숨기지 않는다. 그는 그 모든 도착증을 잘 알고 있으며 그것을 즐기듯이 눈앞에 보여준다. 우리는 그가 강박성 신경증, 즉 글을 쓰겠다는 억제할 수 없는 충동에 시달리고 있음을 잘 알고 있다. 그는 황폐한 경험 (예컨대 비평과 같은)에도 불구하고 그 충동에 거듭 굴복하고 마는 것이다. 그가 이러한 충동을 만족시키면서 쾌락을 느낀다는 것은 설명할 필요가 없다. 충동의 실행자요 책상에서의 행동가로서 그는 전적으로 치유불능의 존재이다. 작가의 병이란 절대적인 병리학적 경우에 해당하는 것으로서, 만일 치료제라도 내린다면 그에게 치명상을 입히게 될 것이며, 작가를 죽이게 될는지도 모른다. 그러므로 우리는 관대해야 하며, 그로 하여금 타락하고 위험하기 짝이 없는 자기 자신과의 유희를 계속하도록 내버려두어야 한다. 그리고 우리 자신의 타고난 정상 상태와 건강을 기뻐해야 한다.

귄터 쿠네르트

단테, 신곡 III, 47-48

방안이 갑자기 환해지는군, 하고 늙은 남자가 동행한 여자에게 말한다. 보르헤스, 달빛이 창문으로 들어오고 있어요. 벌써 가느다란 초승달이니, 며칠 지나면 삭망(朔望)이겠군요.

달은 사랑하는 이들의 태양이야, 라고 보르헤스가 미소지으며 대답한다. 마리아, 내 고백할 테니 들어봐. 달의 하늘에서 아름다운 피카르다와 단테가 만나는 장면을 기억하니? 단테가 플로렌스 시절에 그의 여자 친구와 함께 행복의 단계에 대해 이야기하는 장면 말이야.

단테가 여자 친구에게 물었지. 피카르다는 왜 거기에 있는 걸까? 그녀는 〈라 스페라 피우 타르다〉, 즉 지구와 가장 가까운 곳에 있는 하늘의 영역에 있으면 그녀의 더 없는 행복이 훼손되고 제한된다고 느끼는 걸까? 달의 하늘이 가장 낮은 단계의 하늘이니 말이야. 달의 빛은 빌려온 것이고, 그곳에 사는 사람이라면 자기가 더 높은 단계의 하늘에 살면 더 행복할 것이라는 생각을 할 수도 있겠지.

그때 피카르다가 나타나 이렇게 묻는 남자*에게 설명을 해주지. 왜 사랑하는 사람들의 더 없는 행복은 더 높은 행복을 바라지 않는지를. 그리고 왜 그 더 없는 행복은 어떤 추가적인 행복도 어떠한 비교도 요구하지 않는지를. 그러면서 피카르다는 두 개의 시구를 읊조렸지. 내**가 이 순간에 너***의 입으로부터 듣고 있고, 너의 입술에 의해 그 모습이 보이며, 너의 음성에 의해 온기를 얻는 시 말이야.

> 그대가 자기의 정신을 올바르게 탐구한다면,
> 내가 그 어느 때보다 더 아름답다는 것을 그대는 알게 되지요.

마리아, 내 눈은 베일에 가려졌어. 하지만 이제 너를 달의 빛 속에서 은빛 요정들의 빛 속에서 보고 있어. 분명하고 환하게. 너는 이보다 더 아름다운 적이 없었어.

* 단테를 가리킨다.
** 보르헤스를 가리킨다.
*** 마리아를 가리킨다.

이조 카마르틴

크빈트 부흐홀츠의 집에서 그 그림을 처음으로 본 것은 80년대 종반, 라인 강변에 있는 나부르크에서였는데, 그가 부흐홀츠 성에서 살던 좋은 시절이었다.

부인네들과 아이들이 어디에 있었는지는 더 이상 생각이 나지 않는다. 하지만 다른 모든 것은 아직도 기억이 생생하다. 커다란 부엌(그 시절 우리는 언제나 부엌에 자리를 잡았다), 우리가 그 아래 앉아 있었던 전등불, 포도주, 밤의 고요함, 고풍스러운 분위기, 시간의 순간적인 부재(不在)와 같은 것이 떠오른다. 숨겨져 있는 중심——우리는 밤새도록 그 주변을 빙빙 돌았다——을 향하여 크빈트가 부딪쳐갔던 순간의 확실성도 떠오른다.

「그림은 어디에서 생겨날까요?」 하고 그가 물었다.

그가 대답을 바란다는 것은 분명했다. 처음으로 나는 크빈트라는 인간에게서, 지금까지는 그의 그림들에서만 보았던 그 어떤 위험성을 실감했다.

나는 예술가들이 언제나 대답하는 대로 반복해서——이러한 질문에 대해서 반복 이외의 어떤 방식으로 대답할 수 있겠는가——말했다. 한 인간이 창조적으로 활동하게 되면 그 어떤 명료함, 이름 붙일 수 없는 그 어떤 빛이 그 사람에게 넘쳐흐른다. 그리고 그 빛이 형태를 얻게 된다 함은 곧 그 빛이 그의 인생 역정과 개성으로 나타난다는 것을 말한다, 라고.

크빈트는 나의 말을 가로막았다. 그러고는 일어섰다. 나는 그의 뒤를 따라 몇 개의 방과 짧은 복도를 지나 서고로 갔다. 그는 문을 열고 불을 켰다. 두 개의 전등 아래에서 그림에서 보는 바와 같은 배치 구도가 드러났다.

크빈트는 아무 말이 없었다.

그 정물에 대해 우선 떠오르는 두 가지 방식의 설명이 적절하지 않다는 것은 쉽게 이해할 수 있었다. 우선 한 권의 책의 질이 다른 열 권의 책의 질과 맞먹을 수 있다는 식의 설명은 통할 수가 없었다. 왜냐하면 크빈트는 예술의 가치를 평가하기를 몇 번이나 거부한 적이 있기 때문이다. 크빈트에 의하면 예술에 대한 그러한 평가는 체험의 혼돈을 일직선상의 척도에 투사시킴으로써 그 혼돈에서 빠져나와 버리려는 시도라는 것이었다.

그 다음으로 이것과 대조되는 설명. 즉 돌멩이와 받침대와 균형은 물리 법칙을 나타내고, 문학은 그 법칙을 초월한다는 식의 설명은 너무 조야한 것이었다.

나는 어찌할 바를 몰랐다. 내 앞에는 바로크식의, 강렬한 조명을 받고 있는 균형이 버티고 있고, 내 옆에서는 크빈트가 기대에 찬 침묵을 지키고 있었다.

나는 깊은 의미를 가진 알레고리일 수 있다는 식의 설명을 시도해 보았다. 즉 하나의 작품—물론 그 질에 대해서 판단을 내릴 수는 없다—이 다른 몇 개의 작품들을 대변한다는 주장을 그가 옹호하려 했다는 것이다. 예컨대 바흐의 나단조 미사곡은 크빈트의 견해에 의하면 르네상스 시기의 교회 다성(多聲) 음악을 완성한 것이며, MFK 피셔의 『미식가』는—그가 늘 주장해 왔듯이—200년 역사를 가진 미식가 수필의 종점을 이루고 있다는 것과 동일한 방식으로 말이다.

잠시 몽롱한 기분에 빠진 나는 내 앞의 균형이 물리적인 현실이 아닌가 하는 생각이 들었다. 왼편에 있는 한 권의 책이 아주 무거울 수도 있고—예컨대 얇은 판금(板金)에 인쇄된 책이라면—아니면 오른쪽에 있는 책들이 아주 가벼운 모조지로 만들어졌을 수도 있는 것이다.

그때 크빈트는 또 다른 전등을 켰다. 그 불빛 아래에서 나는 이 그림—나는 이 그림을 최종적인 것이라고 말할 수 없으며 지금은 더욱더 그렇게 생각한다—이전에 그려진 습작품들을 보았다.

어림잡아도 50점이 넘었다. 그의 그림에는 보통 가벼움과 비인간적인 세밀함이 결합되어 있지만, 이 습작품들은 가벼움이라는 특성만을 보이고 있었다. 이 그림들은 아주 신속하게 그려진 것들이었고, 얼핏 보기에 같은 그림이었다. 그러나 어느 정도 시간이 지나자 그 차이가 눈에 들어왔다. 처음의 그림부터 마지막 그림에 이르기까지 명백한—〈돌이킬 수 없는〉이라는 표현이 낫지 않을까?—변화가 있었다.

크빈트의 말에 나는 그가 얼마나 피곤한지를 갑자기 깨달았다. 피곤하긴 했지만 승리감에 찬 목소리였다.

「나는 있는 그대로의 가려지지 않은 사물을 보려고 합니다. 그 어떤 방식으로 그것은 이루어졌지요. 나는 그것들을 보아왔고, 그것들을 그려 왔어요. 여인. 아이. 동물. 포도주. 책. 나는 이 모든 것을 그렸어요. 나는 이제 마흔 살입니다. 이제 나는 내가 아직 보지 못한 유일한 것, 최종적인 것을 그리려고 합니다. 원천 말입니다. 빛 말이지요. 그것이 도래해야 비로소 우리는 그것을 봅니다. 나는 대상을 그리려고 하며, 그와 동시에 원천을 그리려고 합니다. 그리려는 힘이 거기에서 나오는 원천 말입니다. 나는 한 주일 동안이나 잠을 자지 못했습니다. 날마다 24시간 내내 일곱 점의 그림을 그렸지요. 모든 그림에서 나의 한 부분은 좀더 가까이 원천을 향하고 있습니다」

그는 문으로 갔다.

「만일 성공한다면」 하고 그가 말했다. 「사람이 사라지기 시작할 겁니다. 첫 그림에서 나는 왼쪽 눈 아래의 피부에 있는 점이 서서히 없어지는 것을 알아차렸습니다. 그리고 마지막 그림에서는 얼굴의 반쪽이 사라지고 말았어요」

그는 잠시 그대로 서 있으면서 나를 바라보았다. 그러고는 자리를 떴다.

나는 그 정물이 있는 곳으로 갔다. 그 왼편의 책은 50년대에 영국에서 출판된 것으로서, 14세기에 살았던 티베트의 신비주의자 롱첸 라브얌의 시 선집이었다.* 책에는 서표(書標)가 들어 있었다. 나는 그것을 펼쳤다. 크빈트거나 아니면 다른 사람이 한 문장에 밑줄을 그어놓았다.

「관찰자를 찾아라」

그 밑으로 계속 씌어져 있었다.

「시선을 의식의 본질로 향하게 하라.

보는 자는 없으며, 볼 것도 없다」

다음날 나는 부엌에서 기다렸지만 허사였다. 그는 오지 않았다. 서고로 통하는 문은 잠겨 있었다. 하지만 그가 문 뒤편에서 작업을 하고 있는 소리가 들려오는 것 같았다. 내가 탈 버스는 오전에 왔다.

나는 그 이후로 그를 보지 못했다. 편지를 보내도 답장이 없었다. 한저 출판사에 알아보니 그는 전화도 없다고 한다. 나는 이제 그의 그림들에서만 그를 만나고 있다. 그림들은 점점 더 역설적이 되어간다. 희미하게 어른거리고, 불안하며, 비현실적이면서도 동시에 번뜩이는 형안의 정확성을 가지고 있다. 빛은 점점 더 강렬해지고 모험적이 되어 간다. 그가 말했던 대로이다. 모든 그림에서 그는 점점 더 원천으로 다가가고 있다. 세상 사람들은 크빈트 부흐홀츠가 점점 더 성장하리라고 생각한다. 그러나 아니다. 성장하는 것은 그의 그림들인 것이다. 크빈트 부흐홀츠는 점차로 사라져 가고 있다. 나는 그것을 느낀다. 최근의 그림들은 거의 아무런 자기 의식도 없이 그려졌다. 곧 화필을 쥐고 있는 손만 남게 될 것이다. 그 다음에는 그림만 남을 것이다. 마지막으로는 그것마저도 없어지고, 아마 빛만 있게 될 것이다.

* 그림 옆에 실제로 그 책이 놓여 있었던 것으로 보인다.

남은 자의 노래

빛은 창백해지고, 시간은 멀지 않다,
곧 어스름이 다양한 것들을 덮어버리리라.
한때 나뭇잎들은 영혼이었고, 영혼의 편이었으며,
비에 몸을 드러내고, 바람 속에서 생기를 얻었다.
이제 폭풍우가 다가온다, 대지로부터 몸을 일으킨다.
하지만 하나의 우산이 희미하게 하나 된 세계를 돌보아주리라.

이제 우리들의 아름다운 잔해만을 싣고서,
그대는 저녁의 고요함 속에서 앞으로 나아간다.
그래 내 바라노니, 저 먼 곳 물가에서,
다시 한번 부드러운 안식이 샘솟기를.

만일 그렇지 않다면, 우리를 그곳에 내려달라,
책이며 그림이며, 바이올린과 칼은
알아주는 이 없으면 죽은 물건이니까.
잘 간직하라, 우리 앞에는 결코 없었던 그것을.

사공의 대답

생각해 보시라, 그대들에게 사물들이 무슨 가치가 있는지,
그대의 심장은 예감치 못하는구나, 없이 지낸다는 것이 무엇인지를.

프리트마르 아펠

작가 소개

헤어베르트 아흐터른부쉬 Herbert Achternbusch: 1938년생. 뮌헨에서 살고 있다.

프리트마르 아펠 Friedmar Apel: 1948년생. 문예학 교수로서 파더보른에 살고 있다.

존 버거 John Berger: 1926년 런던에서 태어났다. 오트 사브와 Haute Savoie의 산간 마을에 살고 있다.

T. 코레이거선 보일 Coraghessen Boyle: 1944년생, 로스엔젤레스 근교의 몬테시토 Montecito에 살고 있다.

한스 크리스토프 부흐 Hans Christoph Buch: 1944년생, 작가로서 베를린에 살고 있다.

크빈트 부흐홀츠 Quint Buchholz: 1957년 슈톨베르크에서 태어났고, 뮌헨 근교의 오토브룬에 살고 있다.

알도 부치 Aldo Buzzi: 1910년 코모에서 태어났고, 작가로서 밀라노에서 살고 있다.

이조 카마르틴 Iso Camartin: 1944년 Chur에서 태어났고, 교수 및 자유문필가로서 취리히에서 살고 있다.

마틴 R. 딘 Martin R. Dean: 1955년생, 작가 및 강사로서 바젤에서 살고 있다.

페르 올로프 엔크비스트 Per Olov Enquist: 1934년생, 작가로서 스톡홀름에서 살고 있다.

요슈타인 가아더 Jostein Gaarder: 1952년생, 작가로서 오슬로에서 살고 있다.

다비드 그로스만 David Grossman: 1954년에 예루살렘에서 태어났고, 거기에서 작가로서 살고 있다.

루드비히 하리크 Ludwig Harig: 1927년 자르란트 주의 줄츠바흐에서 태어났고, 거기에서 아직 살고 있다.

엘케 하이덴라이히 Elke Heidenreich: 1943년 루르 지역에서 태어났고, 여성 작가이자 저널리스트로서 쾰른에서 살고 있다.

페터 회 Peter Høeg: 1957년 코펜하겐에서 태어났고, 거기에서 작가로서 살고 있다.

에른스트 얀들 Ernst Jandl: 1925년생으로서, 빈에서 살고 있다.

한나 요한젠 Hanna Johansen: 1939년 브레멘에서 태어났고, 1972년 이래로 킬 히베르크에서 살고 있다.

이반 클리마 Ivan Klíma: 1931년생으로서, 지금은 프라하에서 작가로서 살고 있다.

미하엘 크뤼거 Michael Krüger: 1943년생으로서, 뮌헨에서 살고 있다.

밀란 쿤데라 Milan Kundera: 1929년 브륀에서 태어났으며, 작가로서 파리에서 살고 있다.

귄터 쿠네르트 Günter Kunert: 1929년 베를린에서 태어났으며, 작가로서 이체헤 Itzehe에 살고 있다.

라인하르트 레타우 Reinhard Lettau: 1929년 에어푸르트에서 태어났으며, 1996년 베를린에서 죽었다.

마르틴 모제바흐 Martin Mosebach: 1951년 프랑크푸르트에서 태어났고, 거기에서 작가로서 살고 있다.

헤르타 뮐러 Herta Müller: 1953년 루마니아의 니치키도르프에서 태어났고, 작가로서 베를린에서 살고 있다.

체스 노터봄 Cees Nooteboom: 1933년 헤이그에서 태어났으며, 작가로서 암스테르담, 베를린, 그리고 메노르카를 번갈아 왔다갔다하며 살고 있다.

아모스 오즈 Amos Oz: 1939년 예루살렘의 근교인 케렘 아브라함에서 태어났고, 이스라엘에서 살고 있다.

오르한 파묵 Orhan Pamuk: 1952년 이스탄불에서 태어났고, 아직 거기에서 살고 있다.

오스카 파스티오르 Oskar Pastior: 1927년 루마니아의 헤르만슈타트에서 태어났고, 작가로서 베를린에서 살고 있다.

밀로라트 파비치 Milorad Pavić: 1929년 벨그라드에서 태어났고, 거기에서 아직 살고 있다.

마르크 퍼티 Marc Petit: 1947년생으로서, 파리에서 살고 있다.

기우제페 폰티기아 Giuseppe Pontiggia: 1934년 코모에서 태어났고, 작가로서 밀라노에서 살고 있다.

라피크 샤미 Rafik Schami: 1946년 시리아의 다마스커스에서 태어났고, 작가로서 키르히하임볼란덴에서 살고 있다.

W. G. 제발트 W. G. Sebald: 알고이의 베르타흐에서 태어났고, 1976년 이래로 강사이자 작가로서 노르비히에서 살고 있다.

찰스 사이믹 Charles Simic: 1938년 벨그라드에서 태어났고, 1954년 미국으로 갔으며 현재는 뉴 햄프셔 대학에서 강의를 하고 있다.

수전 손택 Susan Sontag: 1933년생으로서, 뉴욕에서 작가로서 살고 있다.

조지 슈타이너 George Steiner: 1929년 파리에서 태어났으며, 제네바와 캠브리지에서 강의하고 있다.

보토 슈트라우스 Botho Strauß: 1944년 잘레 주의 나움부르크에서 태어났고, 작가로서 베를린에서 살고 있다.

게오르게 타보리 George Tabori: 1914년 부다페스트에서 태어났고, 작가이자 연출가로서 빈에서 살고 있다.

안토니오 타부키 Antonio Tabucchi: 1943년생으로, 시에나와 리스본에서 교대로 살고 있다.

알렉산다르 티스마 Aleksandar Tišma: 1924년생으로서 작가로서 노비 사드에서 살고 있다.

하비에르 토메오 Javier Tomeo: 1932년생으로, 작가로서 바르셀로나에서 살고 있다.

미셸 투르니에 Michel Tournier: 1924년생으로, 작가로서 수와젤의 한 오래된 사제관에서 살고 있다.

이다 포스 Ida Vos: 1931년 그로닝엔에서 태어났으며, 현재는 작가로서 Rijswijk에서 살고 있다.

마르틴 발저 Martin Walser: 1927년생으로, 1968년 이래로 작가로서 보덴제의 누스도르프에서 살고 있다.

리하르트 바이어 Richard Weihe: 1961년 베른에서 태어났으며, 취리히에서 살고 있다.

볼프 본드라체크 Wolf Wondratschek: 1943년 튀링엔 주의 루돌슈타트에서 태어났으며, 작가로서 뮌헨에서 살고 있다.

파울 뷔어 Paul Wühr: 1927년 뮌헨에서 태어났으며, 작가로서 움브리엔의 파시그나노 Passignano에서 살고 있다.

옮긴이의 말

이 책은 그림과 글로 구성되어 있다. 그림은 독일의 화가이자 삽화가인 크빈트 부흐홀츠의 작품들로서 대부분 책과 관련된 모티브들을 소재로 하고 있다. 그리고 이 그림들 각각에 대해 밀란 쿤데라를 비롯한 여러 나라의 현역 작가들이 제각각 자유분방하게 해석하고 있다. 그림에 대한 자유로운 감상문이라 할 수 있는 46편의 짤막한 글들에서 우리는 현대인의 삶을 진단하고 있는 작가들의 다양한 개성을 읽어낼 수 있다.

그림에서 보다시피 부흐홀츠는 사회적 억압으로부터의 자유라든가 고정관념으로부터의 해방과 같은 주제를 노골적으로 드러내지 않고 나지막하게 동화를 들려주는 듯한 목소리로 호소하고 있다. 그렇다고 해서 긴장감이 없는 밋밋한 그림은 결코 아니다. 글쓰기와 글읽기에 얽힌 내밀한 심리 묘사로부터 현대 문명의 절박한 위기 상황에 이르기까지 광범위한 영역을 절제된 목소리로 전달함으로써 그 메시지는 오히려 더 명료한 울림으로 전달된다.

그러한 절제된 메시지의 배경을 이루고 있는 것은 거의 언제나 광대하게 펼쳐진 하늘이다. 눈이라도 금방 내릴 듯 희부연 하늘, 별이 총총한 밤하늘, 멀리서 구름이 다가오고 있는 하늘, 보름달이 부옇게 비치고 있는 하늘, 갈매기가 날고 있는 하늘, 바다인지 하늘인지 구분이 되지 않는 하늘, 분주한 일상사의 상징인 안테나를 배경으로 하고 있는 하늘 등등. 부흐홀츠의 그림에서는 텅 빈 하늘이 거의 언제나 화면의 절반 이상을 차지하고 있다. 그러므로 핵심 모티브가 책인지 하늘인지 구분이 되지 않는다. 그러나 다시 들여다보고 있노라면 책과 하늘이 동일한 모티브를 이루고 있는 것이 아닌가 하는 생각이 든다. 부흐홀츠는 자신의 예술론을 요약하면서 이렇게 말한다. 〈나는 지금까지는 있는 그대로의 대상, 가려지지 않은 사물을 그리려고 해왔습니다. 그러나 이제 앞으로의 목표는 내가 아직 보지 못한 유일한 것, 최종적인 것을 그리려고 합니다. 원천 말입니다. 빛 말이지요. 나는 대상을 그리면서 동시에 대상을 그리려고 하는 힘의 원천에 다가가고자 합니다.〉 그렇다면 그림의 압도적인 부분을 차지하고 있는 텅 빈 하늘, 우주 공간, 대자연이야말로 부흐홀츠가 말하는 바 빛의 근원이 아니겠는가.

부흐홀츠는 자연과의 소통을 이야기하고 있고 책을 그 매개로 삼고 있다. 책을 대자연과의 만남을 매개하는 자유의 공간으로 보고 있다. 문명의 질곡으로 인간들의 삶과 생각은 순치되고 경직되고 고착되었고, 그 결과 자신의 고향인 자연과의 소통을 상실하였다. 그러므로 이제 고향으로 돌아가는 길을 찾으려면 밝은 눈을 가진 시인의 심성이 필요하다. 부흐홀츠는 그러한 문명의 질곡으로부터의 해방을 말하기 위해 무상(無償)의 행위인 책읽기라는 주제 근처를 끈질기게 맴돌고 있고, 그런 만큼 그 자유의 공간을 중심으로 하여 얽히고 설킨 인간사의 이야기 보따리가 쏟아져 나올 것임은 당연하다.

일상화된 고정 관념의 틀에서 벗어나기 위해 부흐홀츠는 이미 길들여져 있는 감각의 관행을 거부하고 뒤집는다. 그러므로 하늘 위에 책이 떠 있고, 사다리를 타고 책 위로 올라가 하늘을 바라보며, 발 아래 책을 달고 하늘을 날아간다. 표범이 책을 물고 전깃줄 위를 걸어가고 있고, 독서하고 있는 여인이 의자와 함께 공중에 떠 있다. 바다 한가운데의 보트 위에서 한 남자가 물구나무를 서고 있다. 안테나의 예리한 끝이 책을 꿰뚫고 있다. 문명의 상징인 전깃줄과 자연의 상징인 표범, 정보와 실용성의 상징인 안테나와 자유의 공간인 책이 서로 대립 구도를 이루고 있다. 이러한 대립 구도의 의미는 어느 정도 가시적이며 감이 잡힌다. 그러나 다시 생각해 보자. 일상적인 감각의 관행을 뒤집고 전도시키면서 형상화하고 있는 대립 구도의 의미는 무엇인가? 요컨대 사회적 억압이란 것이 없다면 글쓰기와 책읽기라는 자유의 공간은 어떻게 성립할 것인가? 작가들은 〈억압〉과 〈자유〉의 두 영역 사이에 처하고 있는 자신의 그러한 딜레마를 잘 알고 있다. 그러므로 부흐홀츠의 그림을 해석하고 있는 작가들의 시선을 따라가다 보면 우리는 현대 문명이 처하고 있는 질곡의 깊이와 그 언저리에서 머뭇거리고 있는 인간들의 몸짓을 목격하게 된다.

「지평」의 작가는 영원하고 지속적인 정보의 활동, 즉 국가라는 지평(地平)의 좁고 무의미함을 말하면서 과감하게 그 틀에서 벗어날 수 있는 사고의 전환을 요구한다. 정보의 홍수 속에서 자신의 〈존재〉조차 잊어버리고 사는 것이 우리의 일상이기 때문이다. 그림을 보자. 지평선을 향해 발자국을 남기며 걸어가고 있는 여인의 시선은 땅과 하늘을 가로지르는 지평선상에 고정되어 있다. 뒷

모습이라 눈이 직접 보이지는 않지만 시선의 방향은 정확하게 그 지평선에 맞추어져 있다. 그리고 작가는 그 지평을 국가로 해석했다. 조금 더 상상력을 발휘해 보자. 지평선을 경계로 하늘에는 책이 떠 있고 여인의 뒤로는 걸어온 발자국이 선명하게 찍혀 있다. 시선이 고정되어 있는 만큼 자유의 공간인 〈책〉과 구속의 공간이었던 과거라는 〈발자국〉의 대립은 더욱 선명하게 드러난다. 게다가 자유와 구속의 경계선인 지평은 비극적이리만큼 확고부동한 느낌을 준다.

「도로 위에서」는 국가나 제도라는 것이 서류 뭉치들의 거대한 기둥이며, 행정 당국이 개인에게 취하는 행동은 〈끝없는 경멸〉임을 말하고 있다. 또한 동일한 관점에서 「혀들의 키스」의 작가는 책읽기의 자유라는 공간이 사라진 시대, 즉 책읽기의 고유성과 독자성이 사라진 시대는 정보라는 것이 전자 신호로만 존재하게 되는 몰(沒)개성의 시대가 되리라고 경고한다. 마찬가지로 「켈스터바흐의 시인」에서도 작가는 인간의 자연스런 감각이 점차 상품화되고 획일화되어 간다면 결국 인간의 얼굴 배후에 기계가 들어 있는 시대가 오리라고 예측하고 있다.

전쟁 동안 일방적 정보만을 전달해 주는 라디오가 아니라 서가의 책들에 귀를 기울이고 있는 노인의 모습은 인간들 사이의 상호 소통의 결핍에 대한 거부의 몸짓이다. 서가의 책들은 그 완벽한 침묵에 의해 인간의 거부하는 정신을 충실하게 대변하고 있고, 노인은 그 침묵에 귀를 기울이고 있다. 같은 맥락에서 수전 손택은 책을 거부하고 대지 위에 드러눕는다. 진정한 책읽기란 대지의 심장 박동에 귀를 기울임이라는 것이다.

「길 위의 인생」에서 줄타기의 명인이 한 장소에서 두 밤을 지내지 않는다는 것은 세속의 고정관념은 물론 자기 판단이나 행위에 집착하거나 구애되지 않겠다는 겸손한 태도이다. 편견과 욕망으로 가득한 아귀다툼의 생지옥이 인간 삶의 피할 수 없는 운명임을 알고 자기 결단에 의해 방랑을 택한다. 그러므로 여기서 방랑은 단순한 감상의 한 형태가 아니라 내면에 자유를 향한 그리움을 가진 인간의 운명이 된다. 밀란 쿤데라도 같은 의도에서 이웃의 간섭과 시선에서 벗어난 곳에서 책읽기를 통해 자유를 얻고자 한다. 그러므로 책읽기란 자유를 향한 몸부림의 공간이며, 이웃의 음험한 시선은 그 자유를 방해하는 사회적 억압이다. 마르틴 발저의 「최후의 일격」도 세상 사람들이 인간을 판단하고 있는 허구적 잣대, 즉 속물적 위계로부터의 해방을 말하고 있다. 작가가 보기에 그 속물적 위계에 젖어 있는 대표적인 부류가 교수들이다. 그림에서 교수가 아니라 차장으로 하여금 책을 나르게 한 점이 흥미롭다. 만일 교수가 책을 나르고 있다면 그보다 더 진부한 장면은 없을 것이기 때문이다. 작가는 자기가 쓰지도 않은 책들을 손에 가득 들고서 곡예를 하고 있는 교수들을 빈정거리고 있다. 귄터 쿠네르트는 자신의 내부에 들어 있는 비밀을 남김 없이 드러내는 방식으로, 즉 부조리하기 짝이 없는 자신의 영혼에 대해서 솔직하게 고백함으로써 인간 해방의 길을 모색한다. 그리고 그 길만이 피투성이와 도착(倒錯)의 가능성에도 불구하고 작가에게 주어진 피할 수 없는 운명이라고 말한다.

물론 그림에 대한 작가들의 이러한 해석이 부흐홀츠의 의도와 맞아떨어진다고 볼 수는 없다. 그것은 불가능하고 그래서도 안 된다. 그리고 다양한 해석의 가능성은 독자에게도 열려 있다. 화가의 창작 의도와 작가의 해석 사이에 있을 수밖에 없는 이러한 차이와 공감의 긴장 관계를 들여다보면서 자신의 감수성에 비추어 판단해 보는 것은 독자에게 주어진 몫이다. 그러는 가운데 우리는 또 우리의 현실과 만날 것이기 때문이다.

인간이 자연으로부터 주어진 건강한 감각을 지키면서 노동하고 유희하기보다는, 자본과 권력이 조작하는 사이비 감각의 노예가 되어가고 있음은 현대 문명이 처하고 있는 엄연한 현실이다. 인간과 인간, 인간과 자연 사이의 참된 소통은 고정 관념의 일방성을 거부하고 그 정체를 폭로하려는 자유로운 정신의 끈질긴 모색에 의해서만 그 가능성이 열려 있으며, 부흐홀츠가 〈원천〉으로 되돌아가야 한다고 말하고 있는 것도 이와 같은 맥락으로 보인다.

「남은 자의 노래」에서 〈남은 자〉는 문명의 파산 속에서 그래도 책이며 그림이며 바이올린과 같은 희망을 노래하고 있다. 그러나 사공(沙工)의 대답은 이렇다. 〈소유〉란 것이 무슨 가치가 있단 말인가? 〈없이〉 지낸다는 것을 그대의 심장은 예감치 못하는구나. 여기서 〈없이〉라는 말은 문자 그대로 결핍의 상태가 아니라 오히려 그 어떤 온전하게 충족된 상태를 말하고 있는 것으로 보인다. 그러므로 부흐홀츠의 그림에 나타나 있는 텅 빈 공간은 지상에서의 삶의 궁색함을 온전하게 감싸고 있는 대자연, 즉 잃어버린 우리의 고향이 아니겠는가.

2001년 2월 20일
장희창